Seadove

Seadove

Seadove

Seadove

阿德勒
教育心理學

THE EDUCATION OF CHILDREN

阿爾弗雷德・阿德勒 著　劉麗 譯

一本書破解孩子的
語言及行為密碼

世上沒有問題兒童，
只有缺少正確引導的「生活失敗者」

ALFRED
ADLER

序言

阿爾弗雷德・阿德勒（Alfred Adler）是現代著名的奧地利心理學家、精神分析學家、社會教育家和人本主義心理學的先驅，同時他也是精神分析學派內部第一個反對佛洛德的心理學體系的人。他所開創的「個體心理學」，在心理學界獨樹一幟，對後來西方心理學的發展具有重要意義，包括榮格、霍妮、佛洛姆、沙利文、羅洛・梅、羅傑斯等在內的著名心理學家都受到其不同程度的影響。直到今天，在心理學領域和神經精神症領域，仍有不少人沿用阿德勒的理論和方法進行研究和治療。至於他所提出的「自卑情結」、「補償機制」、「權力追求」等概念，更是深深滲透到現代西方文化和一般人的科學常識之中。

一八七〇年二月十七日，阿爾弗雷德・阿德勒出生於奧地利維也納郊區的一個富裕家庭，但是他卻認為他的童年生活並不快樂，因為他天生體弱多病，直到四歲才會走路。他的父親鼓勵他說：「阿德勒，你必須不相信任何事。」就是告訴他，不能讓困境束縛自己，不能相信當下的困難就是人的一生，而要勇於突破，大膽地去創造自己的生活。這種堅強的信念造就了阿德勒的一生。

一九〇七年，阿德勒發表了有關由缺陷引起的自卑感及其補償的論文，使其名聲大噪。一九一二年，阿德勒在其《神經質性格》一書中提出他的新心理學。新心理學包含了他的大多數主要概念。一九一八年，他引進了「社會興趣」這一概念。社會興趣與「克服自卑感」一起，成為阿德勒最重要的概念——心理健康的標準。在心理病理學的個案裏，阿德勒多次訪問美國，為大量的聽眾講課。一九三二年，他成為長島醫學院心理教授。一九三四年他定居紐約。一九三七年五月二十八日，阿德勒因心臟病逝世於蘇格蘭的亞伯丁。

阿德勒終其一生都在關注著人的成長和社會教育，並以此作為他工作的動力。一九一九年，他在維也納的學校系統中創辦了第一所學校心理衛生中心，不久在他的宣導下又建立了三十多所。他和他的學生們為此作出了巨大的犧牲，他們不計任何報酬地從事兒童的心理指導和實驗觀測，在幫助兒童健康成長的同時，取得了大量第一手資料和心理治療的成果。

《兒童教育心理學》是阿德勒的一部重要著作，本書圍繞如何幫助兒童形成一個正常、健康的人格這一問題，提出了一個全新的教育理念，著重強調要用正確的方法幫助培養孩子的獨立、自信、勇敢、不畏困難的品德，以及與他人合作的意識和能力。一句話，培養孩子健全的人格——這才是教育孩子的首要目的。

阿德勒指出，這本書是為家長和教師而作的，他們可以從書中對兒童教育的新見解中獲益。阿德勒的這本兒童教育書出版七十多年來，在歐洲甚至是在美國產生了巨大影響。在東方社會，對於為人父母者或者教師，或者所有關心或從事兒童教育工作的人們，它也具有振聾發聵的作用。本書的出版有益於從深層次提高我們對兒童教育的方法，培養更多有健全人格的人，挽救更多問題兒童。

目錄

第一章

引言

從心理學的角度來看，教育問題可以歸結爲一種自我認識和自我教導的過程。成人教育與兒童的教育相類似，但是也存在一定的差異。相比成人而言，兒童的自我認識和自我指導能力非常薄弱。

從心理學的角度來看，教育問題可以歸結為一種自我認識和自我教導的過程。成人教育與兒童的教育相類似，但是也存在一定的差異。相比成人而言，兒童的自我認識和自我教導能力非常薄弱。若要兒童自行培養這一能力，所需過程會十分漫長。因此，成人必須對兒童進行教育，關注並引導他們的成長。

然而，這裏最大的困難莫過於對兒童的無知。因為成年人正確認識自我已屬不易，更何況是全面地瞭解兒童，要在此基礎上去教導和引導就更加困難了。

個體心理學是專門研究兒童心理的重要科學，這不僅因為這個領域本身很重要，同時還因為它可以讓人瞭解成年人的性格特徵和行為方式。與其他的心理學不同，個體心理學不允許出現理論和實踐的脫節。個體心理學著重研究整體人格，並將自己的科學目光投向整體人格對其發展和可能表現的充滿活力的追求。站在這一立場考慮，個體心理學的科學知識就是實踐知識，因為所謂的知識也就是源於對錯誤和謬誤的認識；不管是心理學家、父母、朋友還是個體本身，只要他擁有這樣的知識，就會懂得如何運用這些知識來引導人格的發展。

因為個體心理學採用這種研究方法，所以它的所有論述形成了一個有機的整體。根據個體心理學的理論，個體的行為是由個體的整體人格發動和指引的，因此，個體的行為反映了個體的心理活動。在引言部分，我試圖對個體心理學的觀點作一個總體性的論述，並在後面的章節裏進行更進一步的詳細探討。

關於人的發展有一個根本事實，那就是人的心理總是充滿著有活力的、有目的的追求。自出生起，人就不斷地追求發展，追求偉大、完善和優越的美好景象。這種景象無時不在，但卻是無意識形成的。正是這種有目的的追求主宰了人一生的具體行為，甚至決定了他的思想。因為人的思想絕不是客觀事實，而是與他的生活目標和生活方式相一致。

整體人格內在於每個人的存在之中。每一個體代表了人格的整體性和統一性，同時每一個體又是其整體人格所塑造的。每一個體都是一幅精美的人格畫作，畫作的作者就是個體本身。不過，他不是完美的畫作者，因為他對自己的靈魂和肉體沒有完全的認識。

在考察人格的構建時，有一點需要特別注意，即人格的整體性及其獨特的生活目標和生活風格並不是建立在客觀現實的基礎之上，而是建立在個體對客觀事實的主觀看法的基礎之上。也就是說，個體對客觀事實的看法絕不是事實本身。所以，儘管人類生活在同樣的現實世界之中，但卻各自以不同的方式來塑造自己。

每個人都根據他自己對事物的看法來塑造自己。有些看法在心理上是健康的，也是正確的；但有些則是不健康的，也是錯誤的。我們要全面觀察個體的成長過程，時刻關注他在成長過程中可能會出現的心理問題和障礙，特別是關注他童年時的心理問題和障礙，因為這些心理問題和障礙會影響他以後的人生軌跡。

此處用一個具體的例子來加以說明。

有一個五十二歲的女人，她總是不停地貶損比她年長的女性。回顧她的童年，我們發現所有人的注意力都被她的一個姐姐所吸引，而她這個時候就產生了一種屈辱感和無價值感。若用個體心理學的「縱向」觀察方法來分析這一案例，可以發現在這個女人從童年到生命的最後都存在同樣的心理機制，同樣的心理動力：她總是懷疑別人看不起她；當她注意到別人更受人喜愛，或是處於更為有利的地位時，她就憤憤不平。

因此，儘管我們對這個女人的生活或她的整體人格一無所知，但是，我們完全可以根據所瞭解的事實來理解她。在這方面，心理學家與小說作者類似，運用一個確定的行為主線、一種生活風格或一種行為模式來構建人物的生活，以確保人物的整體人格不會被破壞。一個優秀的心理學家甚至能夠預測這個女人在特定環境下的行為，並能夠清晰地描繪出她獨特的「生命主線」所附帶的人格特徵。

個體的追求或有目的的活動是以人的自卑感為前提的。所有的兒童都有一種天生的自卑感，它會激發兒童的想像力，激勵他們嘗試透過改善自己的處境來緩和或者消除自己的心理自卑感。心理學把這種現象稱為心理補償。

自卑感和心理補償機制有著共同的一點，即它開啟了人們犯錯誤的極大的可能性。自卑感可能在客觀上有助於個體的完善，雖然這種補償性心理特徵的形成是必要的，也是必然的，但是它也可能導致單純的心理調適，從而會擴大個體和客觀現實之間的差距。如果自卑感過於嚴重，那麼當事人最終只能在心理上而不能在行為上加以克服。

在這裏，我們把那些明顯表現出補償性的性格特徵的兒童分為三類：生來就衰弱或有器官缺陷的兒童，從小受到嚴厲教育或沒有受到父母關愛的兒童和從小被寵壞的兒童。

這三種類型代表了問題兒童三種基本的處境。透過研究第一類兒童中的極端例子，我們發現，儘管不是每個兒童都是天生殘疾的，但令人詫異的是，很多孩子都表現出某些由身體缺陷所引發的心理特徵。而研究另外兩類被嚴厲教育或被嬌寵過甚的兒童，我們發現，在實踐上，幾乎所有的兒童都在不同程度上屬於其中一類，或者兩者兼而有之。

上述三種基本處境都會使兒童產生欠缺感和自卑感，從而刺激兒童形成超越其自己潛力的野心。在病理學上，我們很難判斷對於個體而言，過度的自卑感和膨脹的野心這兩者到底哪一個的傷害力更大。

兩者通常按照一定的規律依次再現。過度的自卑感會激起兒童膨脹的野心，而這種野心有時又會毒害他的心靈，使他永不安分。由於受到了野心的過分澆灌，這種不安分不會結出任何果實，因此，它並不會導致有意義的行為。這種野心又與個體的性格怪癖相互糾纏，從而不斷地刺激兒童自身，使他變得更加敏感，很容易動怒或實施傷害行為，並最終走向過度的自卑。

這種人（《個體心理學雜誌》中有這類人的案例）雖然在生理上長大成人，但是他們的才智仍然在沉睡之中。他們不是變得「神經兮兮」，就是性格古怪。如果發展到極端狀態，這種人最終會成為不負責任的人，甚至走向犯罪，因為他們頭腦裏只想著他們自己，而從來不考慮別人。他們絕對是道德上和心理上的自我主義者。他們中的一些人逃避現實，為自己構築了一個全新的幻想世界。他們整天做白日夢，沉溺於幻想世界之中，似乎把幻想世界當成現實世界。雖然他們最終成功地獲得了心靈的安寧，但實際上，他們只是虛構出另一種現實，藉以達到心靈和現實的妥協。

心理學家和為人父母者需要關注的是兒童在成長中所表現出來的社會情感的發展程度。因為社會情感是兒童發展的晴雨錶，在兒童心理的正常發展中有決定性和引導性作用。社會情感的任何障礙都會嚴重危害兒童的心理發展。

個體心理學就是圍繞社會情感的根本原則來發展相應的教育方法。為了讓孩子能更順利為將來的生活做好準備，孩子的家長和教育者不應該讓孩子只和一個人建立密切關係。

瞭解兒童的社會情感發展的一個好方法，就是仔細觀察他入學時的表現。學校對兒童來說，是一個全新的環境。剛進校門，兒童就會表現出他們對適應新環境一事是否準備充分，特別是對如何與人相處是否準備充分。

普遍來說，人們都缺乏如何幫助孩子做好入學準備的知識，因而，許多成年人在回想起自己初入學時的情景，總覺得那就是一場噩夢。但是如果教育得法，學校自然也能彌補兒童早期教育的缺失。

理想的學校可以充當家庭和現實世界之間的優良媒介；學校不僅僅是一個傳授書本知識的地方，也是傳授生活知識和生活藝術的場所。不過，在等待理想學校出現以彌補家庭教育缺陷的同時，我們首先應該關注家庭教育。

因為學校還不是一個十全十美的環境，對於家庭教育的弊端，學校只有顯示器的作用。例如，如果父母事前沒有教育好自己的孩子如何與他人相處，那麼，孩子在入學的時候就會感到孤立無援。他們會因此被視為孤僻的怪孩子。這反過來又會使孩子初始的孤僻傾向更加嚴重。長此以往，他們將發展成為問題兒童。人們常把這種情況的源頭歸咎於學校，殊不知學校只不過是讓家庭教育的潛在問題顯現出來而已。

問題兒童能否在學校取得進步，個體心理學還沒有定論。不過，能肯定的一點是，兒童在入學時遭遇失敗是一個危險的信號。這與其說是學習的失敗，還不如說是心理上的失敗。在實踐中，我們發現這些兒童逐漸對自己喪失信心，氣餒情緒也在慢慢擴散。漸漸地，他們開始迴避有意義的行動和任務，轉而去尋求自由自在之道和成功的便捷途徑。他們拋棄社會所認可的康莊大道，而是選擇以某種優越來補償其自卑感的私人小道。對於這些喪失信心的兒童來說，選擇最為便捷的成功之道，最具吸引力。在他們看來，比起走社會所認可的大道，甩開社會的道德責任要容易得多。這會給他們一種毫不費力的征服感。這種人只肯做十拿九穩的事情，藉以炫耀自己的優越。選擇捷徑顯示了他們內在的怯懦和虛弱，儘管他們的行為表現得相當勇敢無畏。就像我們見過的那些作奸犯科之人，儘管表面上無所畏懼，骨子裏卻十分脆弱；同樣，儘管跡象並不鮮明，那些表面上勇敢無畏的兒童，卻在沒有危險的環境中暴露出一定的脆弱感。

比如，我們經常看到有些兒童在站立的時候總是要依靠其他物體才能挺直身體。傳統的治療方法和對這種現象的理解僅僅針對這種症狀本身，而不是更為根本的環境問題。人們總是對這樣的孩子說：「站直了！」

但事實上，孩子依靠在什麼上這一點並不重要，重要的是他總希望得到幫助和支持的心理。

透過懲罰或獎勵，我們雖然可以很快使他們消除這種軟弱的表現，但他們希望獲得幫助的心理並沒有得到滿足，問題的根源依然存在。只有好教師才能讀懂孩子的這些跡象，並以同情和理解去幫助孩子消除這種毛病的根源。

通常，我們能夠從某個單一的跡象來推斷出孩子所具有的心理素質和性格特徵。例如，如果一個孩子表現出渴求依靠某種東西的行為，我們立刻就可以知道，這個孩子肯定有諸如焦慮、依賴等特徵。把他的情況與我們所研究的案例作一個比較，我們就可以重建此類型兒童的人格，而且能夠輕鬆確定，這個孩子屬於被嬌寵過甚的一類。

接下來，來探討另一類從未受過關愛的孩子的性格特徵。在那些罪大惡極的人的一生中，我們能夠看到這樣的事實，即他們在童年時代都受到過惡劣對待。因此，他們就形成了冷酷、滿懷嫉妒和恨意的性格。他們無法容忍別人幸福。一旦他們擁有孩子，或對孩子負有教育責任，他們就會認為孩子不應該比他們自己的童年過得更幸福。這類人不僅會對自己的孩子持這樣的態度，作為別人孩子的監護人時也會持這樣的態度。

這樣的觀念和看法並不是貶義的，它們只是反映了那些在成長時期受到惡劣對待和嚴厲教育的人的精神狀態。這類人還會用許多自我感覺正當的理由來為自己的行為辯解，例如「收起鞭子，害了孩子」。

這些人不斷拿出證據和例子來證明自己的行為，但都無法證明自己是對的。因為僵硬的、專橫的教育只會使孩子離他們的教育者越來越遠。這樣的教育沒有任何意義。

透過考察一系列既相互區別又相互聯結的不健康的症狀並經過若干的實踐之後，心理學家就可以構建出個體的人格系統。憑藉這個系統，人們就可以揭示個體隱蔽的心理過程。雖然透過個體人格某一方面的考察能夠揭示他整體人格的某種特徵，但是，只有當所考察的每個方面都顯示出相同的特徵時我們才感到滿意。

因此，個體心理學既是一門科學，也是一門藝術。在探討個體心理時，我們不能把理論框架和概念系統呆板、機械地運用，這一點非常重要。個體才是所有研究的重點，我們不可能從一個人的一兩個表現中就得出影響深遠的結論，而應該盡可能全面考慮來支持我們的論點。只有當我們成功地證實最初的假設，只有當我們能夠在一個人的行為的其他方面也能發現類似的氣餒和頑固時，我們才可以確定地說，這個人的整體人格具有氣餒和頑固的特徵。

這裏，需要注意的是，被研究的對象並不理解他自己的行為表現，因此，他沒辦法隱藏真正的自我。他的人格是經由他在環境中的行動表現出來的，而不是透過他對自己的看法和想法表現出來。這並不是說他在說謊，而是說，一個人的有意識的思想和無意識的動機之間存在著巨大的差距。

只有具備同情心但又保持客觀的旁觀者才能跨過這種距離。這個旁觀者可以是心理學家、父母，也可以是教師。他應該在客觀事實的基礎上解釋個體的人格，這種客觀事實體現了即使個體本人——在一定程度上——也未曾意識到的、有目的的追求。

因此，相比對其他任何別的問題的態度，人們對個體生活和社會生活的三個基本問題的態度更能表現出真正的自我。第一個問題涉及社會關係，這在研究對現實的客觀看法和主觀看法的矛盾時已經論述過。

另外有一點需要說明，社會關係的問題還具體表現為這樣一個任務，即結交朋友和與人相處。個體如何面對這一問題？他又如何回應這一問題？如果一個人對交朋友和擁有社會關係完全是無所謂的態度，並認為用這種態度他就可以迴避在社會關係中可能遇到的問題，那麼，「無所謂」就是他對這個問題的回應。從「無所謂」的態度中，我們就可以得出關於他人格方向和結構的結論。此外，我們還應注意，社會關係不僅僅局限於如何與人交往並結交朋友，還包括關於這些關係的抽象觀念諸如友誼、合作、信任和忠誠等。對於社會關係問題的回答同樣體現了個體對所有這些抽象觀念的認識。

第二個基本問題涉及個體如何運用自己的一生，即他打算在普遍的社會分工中發揮什麼樣的作用。如果認為社會問題由一個以超越自我的你—我關係決定，那麼，也可以認為第二個問題由人—世界（即地球）的基本關係決定。如果把世界所有的人都壓縮成一個人，那麼，這個人就總是與世界關聯著。他希望從社會得到什麼？就像第一個問題的本質一樣，第二個基本問題即個體的職業問題也不是個體單方面的私人問題，而是一個涉及人和世界的關係問題。這種關係並非完全由個體的意志決定。因此，職業成就的取得並不取決於個體的個人意願，而是來源於與客觀現實的關係。基於這個原因，個體對職業活動問題的回答及其回答的方式就高度地反映了他的人格及其對生活的態度。

第三個基本問題源於人類分為兩性的事實。這個問題同樣也不是個體單方面的私人問題，它與兩性關係的內在客觀邏輯相一致。因此，如果把「如何和異性相處？」簡單地看作一個典型的個人問題，同樣也是錯誤的。只有仔細研究所有與兩性關係相關的內容，才能正確解決這個問題。顯而易見，與愛情和婚姻的正確解決方法的任何偏離都表現了人格的缺陷。因此，許多因為對這個問題處理不當而產生的不利後果，都可以歸咎於更為根本的人格缺陷。

綜上所述，個體大致的生活風格和獨特目標，原則上能從他對這三個基本問題（社會關係問題、職業問題和兩性問題）的回答中找到蛛絲馬跡。個體的生活目標具有決定意義，它決定了一個人的生活風格，並反映在這個人的行動上。因此，如果一個人的目標是指向生活中有建設性的一面，那麼，他所有解決問題的方法都有建設性的一面。個體也會因此感受到幸福和快樂，並在這種建設性和有益的活動中感受到一種價值和力量。與此相反，如果一個人的目標是指向生活中消極的一面，那麼，個體就無法解決這些基本問題，因此也就不能獲得妥善解決這些問題所帶來的歡樂。

這些基本問題之間存在著密切的關聯。因為在社會生活中，這些基本問題還可能派生出一些特定的任務，而這些特定的任務又必須在社會感情的基礎上才可以圓滿完成。實際上，這些任務在兒童時期就開始出現了，一個人的感官發展與看、聽和說等社會生活方面的刺激保持一致，人也是在與兄弟、姐妹、父母、親戚、熟人、夥伴、朋友和老師的關係中不斷成長。這些任務還以同樣的方式與人一生相伴。如果脫離了與其同伴的社會接觸，那麼他就註定要失敗。

因此，個體心理學有充分的理由證明，對社會有好處的事就是「正確的」。任何對社會規範的偏離都可看作是對「正確之道」的偏離，並必然會與客觀的法律和現實發生衝突。這種與客觀現實的衝突必然會使行為人產生明顯的無價值感，這種衝突也將引起受害者同等甚至更為強烈的報復。最後，值得注意的是，對社會規範的偏離還違反了人們內在的社會理想，而每個人都有意識或無意識地懷有這種理想。

因為個體心理學積極強調把兒童對社會情感的態度看作其發展的檢測器，所以，個體心理學很容易確定和評價兒童的生活風格。因為兒童一旦遭遇生活問題，就會在這種考驗中（就像被測試時）表現出他是否對此準備充分。換句話說，我們可以從中看出他是否擁有社會情感，是否擁有勇氣和理解力，是否追求對社會普遍有益的目標。隨後，我們也會發現他向上努力的方式的節奏，發現他的自卑感的程度和社會意識的發展程度。所有這些相互交織，相互關聯，最終形成一個有機的、不可分裂的統一體。在發現有缺陷之前，這個統一體是頑固的，隨後，新的統一體才有可能被建立起來。

第二章

人格統一性

兒童的所有活動都是他整體生活和整體人格的外顯，不瞭解行爲中隱含的生活背景就無法理解他所做的事。我們把這種現象稱爲人格的統一性。

兒童的心理活動是非常奇妙的。兒童心理生活的任何一方面，都能引人入勝，讓人著迷。其中，最為重要的是如果我們想要理解兒童的某一特定行為，就必須先瞭解其整體的生活史。

人格統一性的發展就是行動及其手段相協調成為一個單一模式的過程。這種發展從童年就開始了。生活迫使兒童整合並統一自己的反應，而他對不同情境的統一的反應方式不僅構成了他的性格，也使他所有的行動個性化，從而與其他兒童區別開來。

絕大多數的心理學派通常都忽視了人格的統一性，即使沒有全部忽視，也沒有給予足夠的重視。因此，這些心理學理論或精神病學實踐常常把一個特定的表達孤立起來，似乎它們是獨立存在的。有時，這種表達或手勢被稱作一種情結，認為它們可以在與個體的其他活動中相互隔離。這樣的做法就像從一個完整的旋律中抽出一個音符，然後試圖拋開其他音符來理解這個音符的意義。這種做法很明顯是不妥當的，但是卻又普遍存在。

個體心理學認為自己應該站出來反對這種普遍的錯誤做法。特別是這種錯誤的做法一旦涉及兒童教育，將會產生不小的危害。這在關於兒童懲罰的理論中的表現更加突出，如果兒童做了招致懲罰的事情，人們常常會考慮兒童人格留給人們的整體印象。不過，懲罰對於兒童來說一般是弊大於利。因為如果這個兒童經常犯這種錯誤，教師或家長就會先入為主地認為他是屢教不改。如果這個兒童在其他方面表現良好，那麼，人們通常會因為這種整體的好印象而不會那麼嚴厲地懲罰他。但是，這兩種情況都沒有觸及問題的根源，即沒有在全面理解兒童人格統一性的基礎上來探討這種錯誤是怎樣產生的。這點與脫離整個旋律來理解某個單一音符類似。

如果我們問一個兒童他為什麼懶惰，那麼就別期望他能夠意識到我們想知道這個問題的根本原因；同樣，我們也不要期望一個兒童會告訴我們他為什麼撒謊。幾千年來，深諳人性的古希臘哲學家蘇格拉底的話一直縈繞在耳邊：「認識自己是多麼地困難！」同樣，我們如何能期望一個孩子能夠回答如此複雜的問題呢？甚至對於心理學家來說，回答這些問題也是勉為其難。瞭解個體某一行為所表達的意義的前提是，我們要有某種方法來認識他的整體人格。這個方法不是要描述他做了什麼或者如何去做，而是要理解他在面臨任務時所採取的態度。

下面這個例子將會闡釋兒童整體生活背景的重要性。

一個十三歲的男孩有兩個妹妹。五歲前，他的生活快樂美好，因為當時妹妹還沒有出生，他是家裏唯一的孩子，周圍每一個人都樂於滿足他的任何要求。他的爸爸是個軍官，經常不在家。他的媽媽是一個聰明善良的女人，非常寵愛他，總是努力滿足這個依賴性強又固執的兒子每一個心血來潮的要求。不過，當這個兒子表現出沒有教養或者脅迫性的態度和動作時，媽媽也會很生氣，母子關係就開始緊張。這首先表現在他的兒子總是試圖支配他的母親，對她發號施令，也就是說他總是隨時隨地以各種無禮的方式引起他人的注意。

雖然這個孩子給媽媽帶來了很多麻煩，但他的本性並不壞。媽媽還是寬容他無禮的態度和行為，仍然幫他整理衣服，輔導功課。這個孩子相信媽媽總會幫他解決任何困難。顯然，他是個聰明的孩子，也像其他兒童一樣受到良好的教育。直到八歲，他在小學的成績都相當不錯。但這時候他發生了一些顯著的變化，讓他的父母難以忍受。他自暴自棄，毫不用心，懶散拖遝。一旦媽媽沒有滿足他的要求，他就揪媽媽的頭髮，擰她的耳朵，掰她的手指，不讓她有片刻安寧。他拒絕改正自己的行為方式，隨著妹妹的長大，他愈加固守自己的行為模式。小妹妹很快就成為他捉弄的目標。雖然他還不至於傷害妹妹，但是他的嫉妒心是非常明顯的。他的種種惡劣行為緣於妹妹的出生，因為從那時起，妹妹成了家人新的關注焦點。

特別需要強調的是，當一個孩子的行為開始變壞，或出現了新的令人不快的現象時，我們不僅應當注意這種行為開始出現的時間，還應當注意它產生的原因。這裏使用「原因」一詞時應該小心，因為我們一般不會意識到是妹妹的出生而導致哥哥成為問題兒童，但這種情況卻經常發生。原因在於這個哥哥對妹妹出生這件事所持有的態度不正確。當然，這不是嚴格意義上的物理學因果關係，因為我們絕不能宣稱，一個孩子的行為之所以變壞與另一個孩子的出生有必然的因果關係。但我們可以說，落向地面的石頭必然會以一定的方向和速度下落。而個體心理學所做的研究使我們有權宣佈，在心理「下落」方面，嚴格意義上的因果關係並無作用，而那些不時產生的大大小小的錯誤卻在發揮作用。這些錯誤還會影響個體的未來成長。

毫無疑問，人的心理發展過程中會犯錯，而且這些錯誤與其導致的結果密切相關，從而產生了個體錯誤的行為或錯誤的人生取向。這種錯誤的根源在於心理目標的確定——因為心理目標的確定和判斷密切相關，一旦涉及到判斷，就存在犯錯的可能性。目標的確定在童年早期就開始了。通常來說，兒童在二～三歲就為自己確定了一個目標。這個目標總是在指引著他，激勵他以自己的方式去追求。錯誤目標的確定通常緣於錯誤的判斷。目標一旦確定就不會輕易改變，它會在不同程度上約束或控制兒童。兒童會以自己的行動落實目標，也會調整其自身生活，竭盡全力地追求和實現這個目標。

因此，兒童對事物的個體性的理解決定著他的成長，瞭解到這一點非常重要；兒童陷入新的困境時，他的行為常常會受制於自己已經形成的錯誤觀念，瞭解到這一點同樣也非常重要。正如我們所知道的，兒童獲得印象的強度和方式，並不取決於客觀的事實或情況（比如另一個孩子的出生），而取決於兒童看待和判斷事實或情境的方式。這是反駁嚴格因果論的充分依據——客觀的事實及其絕對的含義之間存在著必然的關聯，但是，客觀事實和對事實的錯誤看法之間絕對不存在這種必然關聯。

我們的心理最為奇妙的地方是，決定我們行為方向的是我們對事實的看法，而不是事實本身。這種心理非常重要，因為對事實的看法是我們行動的基礎，也是我們人格構建的基礎。有一個經典的例子可以說明人的主觀看法影響行動，那就是凱撒剛登陸埃及時發生的一個小故事。當時凱撒踏上海岸時被絆了一下，摔倒在地。這在羅馬士兵眼裏是不祥之兆。如果不是聰明的凱撒興奮地張開雙臂激動地喊道：「你屬於我了，非洲」，英勇無畏的羅馬士兵肯定會掉頭返回。從中我們不難看出，現實自身的結構對我們行動所產生的作用是微不足道的，現實對人的影響又受到我們結構化的和整合良好的人格的制約。大眾心理和理性的關係也是如此：如果在一個對大眾心理有利的環境中出現了人的健康的理性常識，這並不是說環境本身決定了大眾心理或理性，而是體現了兩者對環境自發的看法是一致的。通常，只有當錯誤的或荒謬的觀點受到批判時，才會出現理性常識。

讓我們再回到那個小男孩的故事中吧。我們可以想像，這個小男孩很快就會陷入困境。沒有人會再喜歡他，因為他在學校沒有進步，依然我行我素，不斷地去干擾別人，這就是他人格的完整表現。接下來他會怎麼樣呢？每當他騷擾別人時，他必然會受到懲罰。他會被記錄在案，學校會向他父母投訴。如果還是屢教不改，學校就會建議父母把這個孩子帶回去，理由是他顯然不適應學校的生活。

家庭中，往往由於父母對自己孩子的不正確教育，導致孩子養成過度依賴，甚至是病態的性格。一旦要求得不到滿足，或者遭父母拒絕，就會出現吵鬧、暴力行為，以引起父母注意或以此來強調自己的地位，雖然其可能本性不壞，但不及時糾正，很容易對成長造成極大影響。

對於這種解決方法，小男孩可能比任何人都開心。別的方法他都不會喜歡。他的行動模式的邏輯連貫性再次體現了他的態度。雖然這是一個錯誤的態度，但是，這個態度一旦形成，就不會輕易改變。他總想成為眾人矚目的焦點，這是他所犯的根本性的錯誤。倘若說他應該因犯錯誤而被懲罰，那麼，他應該是因為這個錯誤（即想成為眾人矚目的焦點）而受到懲罰。因為這個錯誤，他總是不斷地嘗試讓母親以他為中心；因為這個錯誤，他儼然如一位君王，擁有絕對的權力長達八年之久，直到他突然被黜奪了王位。在他喪失自己的王冠之前，他只為媽媽而存在，他的媽媽也只為他而存在。後來他妹妹出生了，占據了他在家庭中的位置，因此，他拼命地想奪回自己的王位。這又是一個錯誤。不過，我們不得不承認，他的本性並不壞。只有當兒童面臨毫無準備、又沒有人指導的情況下，只有他獨自掙扎著去應付的時候，這種惡劣的行為才會出現。我們在這裏可以舉個例子。一個只習慣別人把注意力集中在他自己身上的小孩，突然面臨一個完全相反的情境：這個孩子開始上學，而學校裏的老師對所有學生一視同仁。如果這個小孩要求教師給予更多的關注，他自然會惹怒老師。對於一個嬌慣但一開始還不那麼惡劣、也不是無可救藥的兒童來說，這種情境實在是太危險了。

因此，這個案例中的小男孩的個人生活方式與學校所要求和期待的生活方式之間所發生的衝突我們很容易理解和解釋。我們可以用圖示來描述這種衝突，即如果我們用圖來標示兒童人格的方向、目的與學校所追求的目的，我們會發現它們之間是不一致，甚至是相反的。兒童生活中的所有活動，都由其自身的目的所決定，他的整體人格不會讓他偏離原有的目的，另一方面，學校則期望每一個孩子都能有正常的生活方式，兩者之間的衝突就無法避免地產生了。但是，學校方面卻忽視了這種情境之下的兒童心理，既沒有體現出管理上的大度，也沒有採取措施設法消除衝突的根源。

我們知道，這個小男孩的行為受這樣一個動機制約：他希望母親只關心他一個人，為他一個人服務。他的心裏期望能夠獨占母親。而學校對他的培養目標則完全相反：他必須獨立完成自己的事。人們生動地稱這種現象好比給一匹烈馬的脖子套上一輛馬車。兒童在面對這種情形的時候，自然不能有最佳表現。如果我們瞭解了他當時的真實處境，就能給他多一些理解和支持。懲罰是沒有任何意義的，只能加劇孩子對學校的厭惡感。如果他被學校開除，那他會感到正中下懷。他把自己置於他錯誤的感知陷阱中，覺得自己獲得了勝利，可以真正地控制母親；母親必須重新為他效勞，這正是他所期望的。

如果明白了真實的情形，我們就不得不承認，類似這樣的錯誤，對孩子給予懲罰幾乎沒有任何意義。例如孩子上學忘記帶書本，他知道無論什麼時候忘記了什麼，他母親都會為他操心，給予他關注。因此，這絕不是一個孤立的行為，而是其總體人格圖式的一部分。如果我們明白，一個人人格的所有表現都是密切相關並形成一個整體的，那麼，我們就會理解這個小男孩的行為完全是與其生活方式保持一致的。孩子的行為與其人格保持一致這一事實也同時在邏輯上反駁了這樣一種假設，即孩子無法勝任學校的任務是因為他智力遲鈍。一個智力遲鈍的人是無法一直按照自己的生活方式行事的。

這一案例還告訴我們，在一定程度上，所有人都與這個小男孩的處境相似。我們自己的生活方式以及對生活的理解從來不曾與社會傳統完全保持一致。以前，我們曾把社會傳統看作神聖不可侵犯的，現在我們已經知道，人類的社會制度和風俗，並沒有神聖之處，也並不是亙古不變的。相反地，它們總是處於不斷的鬥爭和對抗之中。社會制度和習俗為了個體而存在，而不是反過來的。確實，個體的救贖存在於他的社會意識之中，但是，這並不是說，我們就可以強迫個體接受千篇一律的社會模式。

對個體和社會之間關係的思考是個體心理學的基礎，同時，對學校和學校中難以適應的學生的處理有著特殊的意義。學校必須學會把兒童看作一個具有整體人格的個體，一塊尚待雕琢的璞玉。學校還必須學會運用心理學的知識來對特定的行為進行評價和判斷。學校不能把特定的行為看作一個孤立的音符，而是要把它看作整個樂章的組成部分，即整體人格的組成部分。

A D L E R

第三章

追求優越及其對教育的意義

除了人格的統一性外，人性另一個重要的心理事實是人們對優越感和成功的追求。這種追求與人的自卑感有著直接的關聯。如果我們不感到自卑或自我感覺處於「下游」狀態，我們就不會有超越當下的願望。

優越感與自卑感是同一心理現象的兩個方面。在本章我們將會討論追求優越及其對教育發展的意義。

首先，人們可能會問，追求優越感是否和我們的本能一樣是與生俱來的。我們對這一問題的回答是，這是一個不大可能的設想。我們的確不認為追求優越是與生俱來的，但是我們必須承認，追求優越需要一定的生物基礎，這種基礎存在於胚胎之中，並具有一定的發展的可能性。

當然，我們知道人的活動局限於一定範圍之內。對於某些能力，人是不可能達到的。例如，我們不可能擁有狗的嗅覺，我們的肉眼也不可能看到紫外線。不過我們擁有某些可能繼續發展和培養的功能性能力。我們可以從這些能力的進一步發展中看到追求優越的生物學前提，也可以從中看到個體人格心理形成的源泉。

正如我們所知道的那樣，在任何環境下兒童和成人都有這樣一種追求優越的強烈衝動，而且這些衝動是無法避免的。人的本性無法忍受長期的屈從，被輕視的感覺、不安全感和自卑感總是會喚醒人們登攀最高一級目標的願望，從而獲得補償，然後臻於完美。

實驗得知，兒童的某些特徵是環境作用的結果。在某種環境下，兒童感受到了自卑、脆弱和不安全後，這些感覺反過來又對兒童的心理產生影響。於是兒童下決心擺脫這種狀態，努力達到更高的水準，以便獲得一種平等甚至更加優越的地位。孩子這種向上的願望越強烈，他就會將自己的目標定的越高，從而證明自己的力量。不過，這些目標常常又超出了人本身的能力界限。由於兒童小時候能夠獲得來自不同方面的支持和幫助，這便刺激了他們設想自己未來有可能成為一種類似上帝的人物。我們發現，他們本身也會被一種成為類似上帝這樣的人物的想法所控制，而那些自我感覺特別脆弱的兒童身上也常常會發生這種現象。

在這裏我們以一個心理問題嚴重的十四歲男孩為例來說明上述情況。在我們讓他回憶童年時，他說，他在六歲的時候因不會吹口哨而非常難過。不過，有一天當他走出房間時，他突然會吹了。當時他非常震驚，並真心相信這是上帝附身的結果。這個案例也清楚地表明，脆弱感和想像自己是上帝式的大人物之間存在著某種內在聯結。

追求優越與一些明顯的性格特徵聯結在一起。我們可以透過觀察一個孩子對優越感的渴望來發掘他的全部野心。如果這種自我肯定的願望太過強烈，那麼他總會表現出一定的嫉妒心。這種類型的兒童很容易有這樣的心理，他總是希望其競爭對手遭受某種厄運。他不僅懷有這種陰暗心理（這通常會引起神經方面的疾病），而且還會付諸行動，給對手製造傷害，甚至帶有明顯的犯罪特徵。這樣的孩子會用造謠中傷、洩露隱私來詆毀同伴，從而抬高自己的身價，特別是有他人在場的時候。如果這種權力欲望太過強烈，他甚至會有報復心理。他們總是擺出一副好鬥和挑釁的姿態，然後眼露凶光，有時會突然發怒，隨時準備和想像中的對手搏鬥。對於這些追求優越的孩子們來說，參加考試也是一件相當痛苦的事情，因為這會輕而易舉地暴露他們的「價值」。

這個事實也顯示，考試必須適應學生的心理特點。它對於每個學生而言絕不意味著都是相同的。我們經常會發現，考試對於有些學生是一件非常困難的事情，他們的臉色一會兒發白，一會兒發紅，還說話結巴，身體顫抖，大腦似乎也是一片空白。在回答問題時，有些學生也只願意與別人一起而不想單獨回答，因為他害怕別人看著他。兒童追求優越的心理在遊戲之中也同樣有所表現。例如，在玩馬車的遊戲裏，那些具有追求優越心理的兒童不願意扮演馬匹，而是想扮演車夫，成為領導者，決定馬車的前進方向。如果他們不能擔當這個領導者（車夫）角色，他們就試圖擾亂其他人的遊戲，並以此為樂。此外，如果他們接二連三地受挫，並因此喪失了勇氣，那麼他們在面臨新的情況時就會退縮，而不是勇往直前。

那些雄心勃勃、尚未放棄的兒童，則樂於參與各種能參與的競爭性遊戲。不過，他們在遭受挫折時也會表現出恐慌和無所適從。我們可以從孩子喜歡的遊戲、故事和歷史人物中看出他們自我肯定的方向和程度。

如果我們進一步考察這些兒童追求優越的不同方向，就可以把它們分為不同種類。當然，這種區分不可能非常精確，因為兒童在追求優越方面差異太大，而我們主要是憑藉兒童表現出來的那些行為來進行區分。

那些心理健康的兒童會把自己對優越感的追求轉變為前進的動力。他們試圖去取悅教師，並且注重自身的整潔，同時也遵守秩序，最終成為一個正常的學生。不過，經驗告訴我們，這樣的兒童只占其中的一小部分。另一些孩子則總是想優於別人，並把這作為首要目標，表現出一種令人詫異的執著。這種優越感夾雜的雄心過重，但是這點通常會被忽略。因為我們習慣把雄心視為一種美德，並激勵孩子作更多的努力。但這是錯誤的，因為過分的雄心會給孩子帶來緊張心理，妨礙孩子的正常成長。短時間內孩子尚能承受，時間一長這種壓力就太大了。因為這樣一來，孩子會花太多的時間在書本上而忽視了其他活動。通常由於受膨脹雄心的驅使，他們對其他問題會採取迴避的態度，總想在學校名列前茅。對於孩子這種成長方式，我們很難感到滿意，因為兒童的身心不可能獲得健康發展。

這類兒童把他們生命的目標僅僅局限於超越別人，甚至根據這個來安排他們的生活，這對他們的正常發展可以說十分不利。這個時候，我們需要時不時地提醒他們不要在書本上花費太多的時間，要經常出去走動，呼吸新鮮空氣，多與同伴們玩耍。

此外，還會出現同一個班級裏兩個同學暗中較勁的情況。如果有機會對此進行仔細觀察，我們就會發現，這兩個相互競爭的兒童會形成一些令人不太喜歡的性格特徵。他們會表現出妒忌的性格，而獨立和諧的人格則不會有這種特質。他們看到別的孩子獲得成功，會感到非常惱怒，甚至當其他人處於領先位置的時候他們就開始有頭疼、胃疼之類的毛病；當其他的孩子受到表揚時，他們會憤怒地走開。當然，他們也從不會去稱讚別人。這種妒忌充分反映出這類孩子的雄心過重。

這種類型的孩子和玩伴不能友好相處。因為在玩遊戲時，他總想扮演領導者的角色，也不願意去遵守相應的遊戲規則。這樣做的結果就是他們在團體活動中無法體會到樂趣。他們以高傲的態度對待同班同學，跟同學的任何接觸都令他們感到不愉快。因為在他們看來，跟同學接觸越多，他們的地位就越不安全。這種類型的兒童對自己從來沒有信心。當他們感到自己處於不安全的環境中時，極易方寸大亂。信心越不足，雄心越重，壓力就越大，以至於無法承受。

如果我們掌握了絕對真理，掌握了可以使兒童免遭困難的完美方法，也許就不會有問題兒童了。既然我們無法擁有這樣的完美方法，我們也無法為兒童創建理想的學習環境，那麼對這些孩子「有害的期望」就是一件非常危險的事情。這些孩子遇到困難的感受與那些擁有健康期望的兒童完全不同（我們這裏所說的困難是指不可避免的困難。一方面是因為我們的教育方法並不適合每個兒童，需要不斷地改進；另一方面是因為過分的雄心會使兒童喪失信心）。那些有雄心的孩子會喪失面對困難和解決問題的勇氣，而勇氣卻是解決困難所必需的。

雄心過大的兒童只關心最終的結果，即人們承認他們的成績。如果沒有別人的承認，他們自己就沒辦法感到滿足。眾所周知，問題出現時，保持心理平衡要比認真著手解決問題更加重要。一個只關心結果、雄心過大的兒童是體悟不到這一點的。他認為，沒有別人的認可和崇拜，他就沒法活下去。這種心理依賴和過於看重別人評價的兒童，不在少數。

我們可以從那些天生有器官缺陷的兒童身上看到，不對自身價值問題喪失平衡感是多麼重要。許多兒童身體的左半部要比右半部發育得好，人們很少知道這一點。在我們這個右撇子的文化中，左撇子兒童遇到了很多困難。我們會發現，左撇子兒童在書寫、閱讀和繪畫方面遇到特別多的困難，在雙手的運用方面顯得十分笨拙，他們似乎有「兩隻左手」。我們需要藉助一定的方法來確定兒童是左撇子，還是右撇子。一個簡單但不完全的辦法是要求兒童雙手交叉，左撇子兒童會把左大拇指放在右大拇指上面。我們會驚奇地發現，竟然有這麼多人是天生的左撇子，而他們自己竟然完全不知道。

如果我們對大量左撇子兒童的生活史加以研究，就會發現這樣一些事實：這些兒童常常都被視為笨拙（在我們這個以右手為主的世界中並不新奇）。要體會這其中的情形，我們只需想像一下習慣靠右道行駛的我們在一個左道行駛的城市（如在英國或阿根廷）試圖開車穿越街道時內心的慌亂。如果家庭其他所有成員都是右撇子的話，他的左撇子不僅給他自己的生活帶來麻煩，也干擾了家人的生活；在學校學習寫字時，他在這方面的能力也比平均水準要低。因為沒有人理解其中的真正原因，所以他經常被斥責、受懲罰、得分低。在這種情況下，左撇子兒童只能把這理解為他在某些方面比別人要差。他會感覺被貶損和蔑視，感到沒能力與別人競爭。他在家裏同樣會因笨拙而受到斥責，這就更加重了他的自卑感。

當然，左撇子兒童不會因此一蹶不振。但是，我們會看到許多兒童在類似的情形下就不再努力。他們不清楚自己真實的處境，也沒有人向他們解釋如何去克服這些困難，因而這會使他繼續嘗試掌控自己處境的努力變得相當難。許多人字跡潦草甚至難以辨認，其實也可以歸於上述原因，而他們也從未充分地訓練過自己的右手。事實上，這方面的困難是可以克服的。在許多一流的藝術家、畫家和雕塑家當中，很多人是天生的左撇子。他們透過強化訓練，獲得了善用右手的能力。

有一種迷信說法認為，天生的左撇子如果透過後天的訓練來使用右手，就會說話結巴。其實，這可能是由於左撇子兒童有時面臨的困難太大，以致於喪失了說話的勇氣。這也是為什麼心理有問題的人（如精神官能症患者、自殺者、罪犯、性變態者等）中有很多是左撇子。但另一方面，我們也經常會看到，那些克服了左撇子困難的人也可以取得成就，這種情況經常出現在藝術領域。

左撇子特徵告訴我們，我們應該努力增加孩子面對困難的信心和勇氣，否則我們就無法判斷孩子的能力和潛力。如果我們鼓勵他們，他們也許就會取得更多更大的成就。如果我們嚇唬他們甚至奪走他們對美好未來的希望，即便他們能夠繼續生活下去，但也不是我們所期待的那種結果了。

懷有過度雄心的孩子之所以處境艱難，是因為人們常常以外在的成功來評判他們，而不是根據他們克服困難的能力來評價他們。在當前社會，人們關注更多的是可見的成就，而不看重全面徹底的教育。我們知道，那種不經努力獲得的成功是很容易消逝的。

因此，訓練孩子野心勃勃並沒有什麼好處。相反地，培養孩子的勇敢、堅忍和自信卻尤為重要，要讓他們知道，面對挫折不能氣餒，也不能喪失勇氣，而是要把挫折當作一個新的問題去解決。當然，如果教師能夠準確地判斷孩子在某個領域的努力是否有希望，那麼這對於孩子的成長和發展就更加有利了。

孩子對優越感的追求會表現在他的某一個性格方面。這些孩子對優越感的追求最初只是表現為爭強好勝，不過，超越那些已經遠遠走在前面的孩子似乎是不可能了，那些爭強好勝的人最終會放棄嘗試。

許多教師採取非常嚴厲的措施，或者給那些在他們看來沒有表現出足夠雄心的學生較低的分數，並希望以此來喚醒他們。如果這些孩子仍然還有勇氣的話，這種方法倒也可能短期內奏效。不過，它不適宜普遍使用。那些學習成績已經跌近警戒線的孩子會被這種方法弄得完全亂了方寸，甚至因此陷入明顯的愚笨狀態。

但是，要是我們能以關心和理解的態度來對待這些孩子，他們就會表現出一些我們意想不到的能力。以這種方式轉變過來的孩子通常會表現出更大的雄心，其原因很簡單：他們非常害怕再回到原來的狀態。過去的無所作為成為他們的警示信號，不斷地鞭策著他們繼續前進。以至於在後來的生活中，他們中的許多人就如同著了魔似的，完全變了個樣子；他們夜以繼日，飽嘗過度工作之苦，卻還認為自己做得不夠。

個體心理學的基本思想是個體的人格（包括成人和兒童）是一個統一體，這種人格的行為表現和個體逐漸形成的行為模式是保持一致的。以此為依據，上面的一切就變得清晰了。脫離行為者的人格來判斷他的某一行為是沒有任何意義的，因為每個行為都可以從不同方面來解釋。如果我們把學生的一種特定行為——比如上學拖延——理解為他對學校規定的任務作出的難以避免的反應，那麼，對這個具體行為進行判斷的確定性就不存在了。孩子的這種反應只是意味著他不想上學，也不想努力完成學校的任務。實際上，他會想盡辦法不遵從學校的要求。

從這種觀點出發，我們就可以理解所謂的「壞」孩子了。他們之所以不想上學，是因為他們追求優越的心理非但沒有成功地轉化為學校的要求，反而對學校的要求有所抗拒。於是，他表現出一系列相應的行為特徵，逐漸陷入不可救藥的地步。他越來越樂於當一名小丑，搗蛋戲謔、引人發笑。甚至有時候還會招惹同學、曠課翹課、與社會上不三不四的人打成一片。

由此我們可以看出，我們不僅掌控著學生的命運，還決定著他們未來的發展。學校教育對個體的未來生活有決定性的作用。因為學校教育處於家庭教育和社會教育之間，它有可能矯正孩子在家庭教育中受到的不良影響，也有責任為他們適應社會生活提前作好準備，以確保他們在社會這個大樂隊中和諧地演奏好自己的樂章。

從歷史的角度來考察學校的作用，我們就會發現，學校總是試圖按照各個時代的社會理想來教育和塑造個體。在不同的歷史階段，學校曾經先後為貴族、教士、資產階級（即中產階級）和平民服務，也總是依照特定時代的標準來教育兒童。今天，為適應變化了的社會理想，學校也必須作出相應的改變。因此，如果當今社會裏一個理想的人是獨立、能夠自我控制和勇敢的人，那麼學校就必須作出相應調整，培養與這種理想相符合的人。

換句話說，學校不能把自身視為教育的目的。學校必須明白，它是在為社會而不是在為自己培育學生。因此學校不應該忽視任何一個學生。也許這些學生追求優越感的心理並不比那些正常的兒童弱，他們只不過把注意力轉移到其他不需要太多努力的事情上去了。他們相信這些事情更容易獲得成功（這可能是因為他們以前曾無意識地在這些領域進行過探索並獲得過成功）。也許他們不能在數學上取得優異成績，但他們可以成為運動場上的健將。因此，教師千萬不要忽視這些孩子的成績，而是要把這些成績當作教育的突破口，鼓勵學生在各個領域追求成功。如果教師一開始就從孩子的長處出發，鼓勵並相信他們可以取得成績，那麼教師的任務就輕鬆很多。這就像是把孩子從一個碩果累累的果園引入到另一個碩果累累的果園。因此，既然所有孩子（智障兒童除外）都具備取得成功的能力，那麼學校要做的僅僅是克服各種人為設置的障礙。而這些障礙的出現主要是因為學校把抽象的學業成績作為評判標準。當然，從學生方面來看，這些障礙還反映出學生缺乏自信，因此他們對優越感的追求便偏離了對社會有益的活動。因為在這些對社會有益的活動中，他們無法獲得他們孜孜以求的優越感。

在這種情況下，兒童會如何反應呢？他們會想到逃避。我們經常會發現，這些孩子會做出一些特別的行為（如頑固和無禮），這些行為自然不會贏得教師的讚揚，但是卻可以吸引教師的注意力以及其他孩子的崇拜。因此他們會把自己視為了不起的英雄人物，從而獲得他們的優越感。

大多數孩子在追求優越感時，最直接的方式是經由考試分出優劣，但這不是唯一的指標。有些特別的孩子在考試中會出現緊張、流汗、腹痛和呆滯……，所以，考慮到每個孩子的心理特性不同，對於其心理意義也不同，父母不可單單以成績來判別孩子的優劣。

這些心理表現和偏離規範的行為是在學校中暴露出來的。它們的根源其實並不全部在學校。從積極的方面來說，學校對這些問題負有教育的義務；從消極的方面來說，學校僅僅是孩子家庭教育弊端暴露的場所而已。

一個稱職的教師會在小孩入學的第一天就敏銳地觀察到很多東西。因為很多兒童會立刻暴露出被溺愛的特徵，他們覺得新環境（學校）帶給他們的是痛苦。這種孩子沒有與人打交道的經驗，他們不願或不能獲得友誼。孩子在入學之前最好已經擁有一些如何與人交往的知識，比方說他不能只依賴一個人，而把其他人排斥在外。

對於這些在家中被過分溺愛的孩子，我們不能期望他們馬上就能專心於學校的學習。事實上，他們心中沒有「學校意識」，他們願意待在家裏而不願上學。當然他們厭惡上學的跡象是很容易被發現的。例如，每天上學之前父母哄勸他們起床，催促他們吃早飯的時候，他們總是會拖拖拉拉。

這種情況的矯正與解決左撇子的問題一樣：我們必須給他們足夠的時間去學習和改正。如果他們上學遲到，我們不能懲罰他們，因為這只能使他們更加不喜歡學校，更加認定他們不屬於學校。強迫他們上學，他們會尋找其他方法來應對，並且這些方法只是為了逃避困難，而不是面對和解決困難。我們可以從孩子的每個動作中看出他是否厭惡學習。如果我們看到一個孩子經常忘記或遺失書本，我們完全可以肯定，他在學校並不如意。

進一步考察我們會發現，這些孩子對獲得最微小的學業成功都不抱希望。這種自我低估的責任並不只在他們自己，周圍的環境對他們走入這條錯誤的道路也有作用。家人在發怒的時候可能會預言他們前景暗淡，甚至罵他們愚笨。他們在學校的經歷也似乎在證實這些「預言」，而他們自身也缺乏糾正這種錯誤看法的判斷分析能力，以致於他們在作出努力之前就已經放棄了。他們把這看作不可跨越的障礙，並把它們視為自己無能的證據。

錯誤一旦發生，矯正的可能性就很小。雖然這些兒童作出了努力卻還是落後，他們很快就會放棄努力，並轉向尋找各種藉口來解釋他們曠課的原因。曠課，通常被視為一件非常嚴重和非常危險的劣行，是要受到嚴厲責罰的。於是，孩子會認為自己是被迫才使用計策來矇騙父母和老師。他們會偽造家長簽字，篡改成績單，向家裏編造種種他們在校的謊言，而實際上他們已經翹課好長一段時間了。因為翹課，他們追求優越的心理也不可能得到滿足。這就驅使他們採取更激烈的行動，如違法行動，來追求優越感。這樣一來，他們一個錯誤接著一個錯誤地向前，最終走向了犯罪。

我們發現，一個有犯罪傾向的孩子同時也會極端地自負。這種自負和野心有著相同的根源，它迫使這種孩子不斷以某種方式來凸顯自己。當他們不能在生活中的積極方面尋得一席之地的時候，就會轉向生活中的消極方面。

從事與教育有關的工作者都熟悉這樣一個值得關注的事實，即我們經常會在教師、神父、醫生和律師的家裏發現敗壞和任性的孩子。這種情況不僅在職業聲望不高的教育者家庭中發生，也會在那些我們認為是重要人物的家庭中發生。儘管他們擁有較高的職業權威，不過，他們似乎沒有能力為自己的家帶來和平的秩序。對於這種現象的解釋是，在所有類似家庭中，某些重要的觀點不是被忽視了，就是完全沒有被理解。其中部分的原因是這些作為教育者的父母藉助他們自以為是的權威把一些嚴格的規定強加給他們的家庭。他們非常嚴厲地要求自己的孩子，威脅到孩子的獨立，甚至剝奪了他們的獨立。他們似乎喚起了孩子身上的反抗情緒，喚起了孩子對記憶中責罰的報復。我們應該記住，父母刻意的教育會使他們特別關注甚至監視自己的孩子。在絕大多數的情況下，這是一件好事。但是，這也經常使孩子總想成為被關注的焦點。如此一來，這些孩子很容易把自己視為一種用來展示的試驗品，並認為他人應對此承擔責任，因為他人是操縱的一方。這些孩子認為，其他人應該為他們克服任何困難，只有他自己不負任何責任。

ADLER

第四章 追求優越感的正確引導

眾所周知，每個孩子都會去追求優越感。而教育者的任務就是把這種追求引向富有成就和有益的方向，並確保這種追求給孩子們帶來的是精神健康和幸福，而不是精神疾病和不幸。

眾所周知，每個孩子都會去追求優越感。而教育者的任務就是把這種追求引向富有成就和有益的方向，並確保這種追求給孩子們帶來的是精神健康和幸福，而不是精神疾病和不幸。

那麼，區分有益的和無益的優越感追求的標準又是什麼？標準就是看它是否符合社會利益。很難想像，有哪一個值得稱道的成就與社會是不相關的。不論對行為者自身還是社會，那些高尚偉大的行為都是具有價值的。因此，教育者要培養孩子建立這種社會情感，或者說，要加強孩子認識與社會一致的意義。否則，孩子對優越感的追求會偏離對社會有益的方向，最終成為問題兒童。

當然，人們對於什麼對社會有益的看法不盡相同。不過，可以肯定的一點是，正如我們可以透過樹所結的果實來判斷這棵樹的優劣一樣，我們可以透過某一行為的結果來判斷它是否對社會有益。事物的普遍結構是對行為進行價值判斷的標準。這種評價技術十分複雜。因為行為的結果與這種標準的契合程度一時很難看清，只有隨著時間的推移才會逐漸清晰。例如，政治變革、社會變遷的價值效果，總會飽受爭議，要經過歷史車輪的碾壓，才會蓋棺定論。不過幸運的是，在日常生活中，我們並不總是需要運用如此複雜的評價技術來對某一行為結果進行判斷。然而，值得注意的是，從科學的角度出發，我們絕不應該認為某種行為對所有人都是有益的。因為這關乎絕對真理及人們對人生問題的正確解決，而人生問題同時也受地球、宇宙和人的關係的邏輯的制約。這種客觀宇宙和人類宇宙的制約就如同一道數學題，放在我們面前，雖然我們不一定能夠解決它，但是答案就隱藏在問題自身之中。我們只能藉由參考問題和問題解決的背景來探討解決方法，並判斷這種解決方法是否正確。遺憾的是，我們檢驗某種解決方法的時機可能會姍姍來遲，以致我們不再有時間去糾正某個錯誤。

因為人們不能以一種邏輯的、客觀的觀點來審視自己的生活結構，所以大部分人不能理解自己行為模式的關聯性和一致性。問題一旦出現，他們就會陷入恐慌，而不是想辦法面對和解決問題。他們會認為因為他們走錯了路，所以才出問題。值得注意的是，對於孩子來說，一旦他們偏離了對社會有益的方向，他們就無法從消極的經驗中獲得積極的教訓，因為他們完全無法理解問題的意義。因此，我們有必要教育兒童把自己的生命視為一種貫穿所有相互關聯的事件的線索。任何事件都是在個體的整體生命這個大背景下發生的，而且只有參照所有以往的事件才能完全理解。兒童只有理解了這一點，才能夠理解他偏離正道的原因，才能從消極的經驗中獲得積極的教訓。

在對有益的和無益的優越感追求之間的差異作進一步探討之前，先來探討一種似乎與理論相矛盾的行為——懶惰行為。乍看之下，懶惰似乎與「所有兒童天生就有一種追求優越心理」

的觀點相矛盾。我們責備懶惰兒童，就是因為他們沒有表現出追求優越的渴望和雄心。不過，如果仔細觀察他們，我們就會發現這種普遍流行的觀點是錯誤的。懶惰的兒童其實正在享受懶惰的好處。懶惰的兒童不需要背負別人對他的期望，不需要努力，總表現出一種無所謂和閒散的樣子；他即使沒有成果，也會在一定程度上得到人們的諒解。不過，他的懶惰卻使他成為人們關注的對象，最起碼他的父母要為他操心。想想看，有多少孩子為了引起別人的注意而不惜代價。這樣我們就會明白，這些孩子為什麼會利用懶惰來達到引人注意的目的了。

當然，心理學對懶惰的解釋並不全面。許多兒童懶惰是為了緩解他們的處境。他們可以把目前的無能和無所成就歸因於懶惰，人們也很少指責他們能力不夠，孩子的家人甚至會說：「如果他不懶惰，他什麼都能做！」孩子對這種說法也暗自竊喜，因為這對缺乏自信的他們來說是一個不錯的藉口。此外，這種說法還成了一種成就補償，這對孩子和成人都是如此。這個富有欺騙性的「如果句式」——如果他不懶惰，他什麼都能做——就使得他的毫無成就變得理所當然。一旦這個孩子取得某些成就，這些微小的成就就與他之前的毫無建樹形成鮮明對比，因此受到人們的極力讚揚。而其他那些一直埋頭努力的孩子雖然取得了更好的成績，但受到的讚揚卻未必更大。即使是犯同樣的錯，人們對於懶惰者的批評也總比其他孩子要溫和得多。

在學校裡，經常會發現同學之間相互比較、競爭，嚴重的甚至會引發嫉妒的心理，對孩子的心理產生不良的影響。圖中大家恭喜某位同學獲得獎狀，卻有一位孩子獨自往室外離去。一旦其嫉妒心理加重，性格也會跟著暴躁，與其他人的相處也會越來越疏離。

很明顯，懶惰的背後通常隱藏著不為人知的「權謀」。懶惰的孩子就像走鋼絲的人，他們行走的鋼絲下面總是張著保護網，這樣即使他們掉下去，所受的傷害也會大大減少甚至完全沒有受傷。顯然，說他們很懶要比說他們無能所帶來的傷害小。簡單來說，懶惰是那些缺乏自信的人的一種自我保護屏障，但同時也阻礙了他們努力去解決所面臨的問題。

而當前的教育方法卻對懶惰的孩子無計可施，相反，這些方法恰好滿足了他們的期待。人們越是責備一個懶惰的孩子，就越是正中他的下懷。因為不停的責罵轉移了人們對他能力問題的注意，而這正是他一直期望的。懲罰也具有同樣的效力。教師總是相信懲罰可以使他們改正，但總是以失敗告終。即使是最嚴厲的懲罰也無法使一個懶惰的孩子變得勤快起來。

如果孩子真的發生了轉變，那也只是因為他的處境發生了變化。例如，這個孩子意外地取得了某項成功，或者原來嚴厲的教師不再教他，新來的教師比較溫和，同時又理解他。新老師與他認真地談話，給了他新的勇氣，而不是削弱和打壓他已所剩無幾的信心。在這種情況下，孩子會突然變得勤快起來。我們還常常會遇到這樣一種情況：一些孩子在入學頭幾年學業一直停滯不前，但換了一個新的學校後卻非常勤奮努力。這主要是因為學校環境改變了。

有些孩子並不是採用懶惰而是以裝病的方法來逃避學校的作業。有些孩子則在考試期間表現得異常緊張，因為他們認為他們會因此而受到某些照顧。同樣的心理還表現在愛哭的孩子身上，哭喊和精神緊張都是他們獲取特權的手段。

還有一些因為某種缺陷而要求特殊照顧的兒童，他們也屬於上述這種心理類型，比如口吃。幾乎所有的兒童在剛開始學說話的時候，都有些輕微的口吃。眾所周知，兒童說話能力發展的快慢要受多重因素影響，首要因素就是兒童社會情感的發展狀況。和那些社會意識較弱、不願與人接觸的兒童相比，社會意識較強、樂於與別人交往的兒童的說話能力發展得會更快一些，也更容易一些。如果有些孩子在四歲或五歲的時候還沒有學會說話，家長就會開始擔心孩子是否患有聾啞病，但經過聽覺測試後，這個可能性就被排除了，因為孩子的聽力很好。

繼而，人們會注意到這些兒童確實生活在一個「說話是多餘」的環境之中。我們知道，在有些場合，對於孩子來說，說話是多餘的。例如，有些被過分保護和溺愛的兒童往往在他有機會說出自己的願望之前，他們的家人就已經猜到並滿足了他們的要求（就像人們對待聾啞兒童那樣）。如果我們把一切都放在「銀盤子」裏，給這些孩子奉上，那麼他們就不會感到開口說話的需要有多麼迫切，自然就很晚才會學會說話了。孩子的語言體現了他們對優越感的追求和這種追求的方向。因此，兒童需要用語言來表達自己對優越感的追求，無論這種表達是用來愉悅父母，還是用來滿足自己的某種需求。如果這兩種方式都不可能，那麼，我們自然就會想到孩子語言能力的發展是否出現了障礙。

兒童還可能遇到其他的語言障礙，例如，他們不能正確發R、K和S等輔音。所有這些語言障礙都是可以矯正的。值得注意的是，有許多人在成年後仍然口吃、咬舌，或者吐字含糊不清。

隨著年齡增長，絕大多數兒童的口吃會逐漸消失。只有一小部分孩子需要接受矯正治療。從下面一個十三歲男孩的案例中，我們就會發現治療的過程是多麼地困難。

男孩在八歲的時候開始接受治療。治療持續了整整一年，但並沒有成功。於是男孩在接下來的一年裏停止專業治療。第三年，男孩又接受了另一名醫生的治療。但是，這一整年的治療依然沒有使男孩的口吃得到根除。第四年男孩再度停止了治療。第五年的頭兩個月，又有一個語言教育家來對男孩進行治療，不過情況非但沒有好轉，反而更加惡化。一段時間以後，這個男孩又被送到專門的機構進行治療。兩個月後治療有了效果，但六個月後，口吃又復發。

後來，這個男孩的口吃仍然如此惡性循環，始終得不到根除。

治療的主要方法是高聲朗讀，緩慢說話，做若干練習等等。其中值得注意的是，一定程度的激動會使口吃在短時間內好轉，但是時間一久，口吃又會復發。在生理上，這個男孩沒有什麼器官缺陷；他是個左撇子，小時候曾經從二樓摔下來，得過腦震盪；十二歲的時候，他的左臉發生過中風。

性格方面，曾教過這個男孩一年的教師是這樣形容他的：「教養良好，勤奮，容易臉紅，有點神經質。」據這個教師說，考試的時候，男孩會變得非常緊張。他特別喜歡體操和體育競賽，並對技術活動有濃厚的興趣。他完全沒有領導者的特質，但能與同學友好相處，不過，有時會與弟弟吵架。

家庭環境方面，他爸爸是個商人，易怒，每當男孩口吃，他就嚴厲斥責他。雖然如此，男孩還是更怕他的媽媽。而且，他還認為自己的媽媽不公平，因為她更疼愛他的弟弟。他有個家庭教師，因而很少有自由時間，這令他非常苦惱鬱悶。

基於這些事實，我們可以提出這樣的假設：男孩的臉紅似乎和他的口吃習慣密切相關。因為男孩容易臉紅表示一旦和別人交往，他內在的緊張就會增加。而即使是他喜歡的教師也不能使他擺脫口吃，因為他的口吃習慣已經在他的大腦中機械化了，他拒絕任何人來改變自己這種習慣。

口吃的根源不是口吃者所處的外在環境，而是他感知外在環境的方式。他的敏感和易怒心理在這當中充當了重要角色。口吃並不表示他是消極被動的，相反，恰恰說明了他對優越感的承認和追求。這種承認和追求體現在他的敏感和易怒之中。個性脆弱的人通常也是如此。只和自己的弟弟吵架顯示了他的灰心和氣餒，考試前的激動顯示了他內心緊張的增加，他擔心自己不能成功，也擔心自己天分比別人差。強烈的自卑感使得他對優越感的追求走上了一種對社會和自己無益的方向。

這個男孩倒是願意上學，因為比起學校，家裏的環境更令他不開心。在家裏，他的弟弟是大家關注的焦點。他的弟弟對他影響很大，因為是弟弟將他擠到了家庭的邊緣。他的身體受傷或受到驚嚇的經歷不大可能是導致他口吃的原因，但是，這些不幸的經歷對他喪失勇氣確實也有消極作用。另一件值得注意的事情是，這個男孩到八歲還在尿床。尿床症狀通常發生在那些原先是被溺愛、後來又被剝奪「王冠」的孩子身上。尿床是一個信號，顯示他無法接受被冷落的境遇，即使在夜間也在爭奪母親的注意力。

這個男孩的口吃是可以治癒的，只要我們鼓勵他，培養他獨立。我們還可以讓他做一些他能夠完成的任務，讓他能在這些任務的完成中樹立自信心。這個男孩承認，弟弟的出生讓他不愉快。因此，我們必須讓他明白，是嫉妒讓他走向了錯誤的方向。

對於伴隨口吃的症狀，還有許多有待說明。例如，當口吃者激動的時候，情況又會如何？很多口吃者在發怒罵人的時候，就完全不會口吃。年長一點的口吃者在背誦和戀愛的時候，通常也不會口吃。這個事實說明，口吃者與他人的關係是他是否口吃的關鍵因素。也就是說，當口吃者必須與別人接觸，建立關係，並必須藉助語言來表達這種關係的時候，他的緊張就會增加，口吃就會緩解或消失。

如果兒童在學習說話的時候沒有任何困難，那麼就沒有人會對他的進步給予特別關注；而如果他在這方面存在問題，他就會成為家裏談論的焦點，家庭會特別為這個孩子操心。孩子自己也會過分關注自己這個問題，他會有意識地控制自己的表達。相反，正常說話的兒童則不會這樣。我們知道，有意識地控制自己的動作會引起功能的紊亂。有一則童話就是說明這種情況的經典例子。癩蛤蟆遇到一個長有千足的動物，並馬上注意到這個千足動物有種值得關注的能力——能支配一千隻腳先後邁出的順序。於是癩蛤蟆問：「你能告訴我你行走的時候最先邁哪隻腳，又如何先後邁出其他九九九隻腳嗎？」千足動物開始思考，並觀察自己腳的運動，想弄清楚自己如何依次邁出他的腳，結果最後牠被弄糊塗了，竟連一隻腳也邁不出去。

雖然弄清楚生命過程是非常重要的，但是，試圖去控制生命的每一個運動卻是有百害而無一利的。只有任憑身體自由揮灑，我們才能創造出藝術作品。

儘管口吃對於孩子的將來有著災難性的影響，儘管家庭對於口吃兒童的同情和額外關注不利於其成長，但是，還是有許多人寧願尋找藉口去遮掩，也不願努力改善現狀。

孩子特別喜歡依賴別人，並利用明顯的劣勢來保持他的優勢。巴爾扎克的一個故事就很有力地說明了這一點。故事中的兩個商人都想盡辦法占對方的便宜。於是，在相互討價還價的時候，其中一個商人開始說話結結巴巴，希望透過口吃來贏得計算盈利的時間。識破這一詭計後，他的對手馬上就找到了對策——他突然裝作耳聾，似乎什麼都聽不見。由於口吃者不得不努力讓對方聽明白，因而便處於劣勢。這樣雙方就扯平了。

儘管口吃者有時會利用這種口吃習慣來爭取時間，但是我們仍然不應該像對待罪犯那樣對待他們。我們還是要友善地對待他們，鼓勵他們。只有友善的啟發、積極的鼓勵才能增強他們的勇氣，才能使他們完全康復。

第五章

兒童的自卑情結

自卑情結是指一種過度的自卑感，它促使人去尋求唾手可得的補償和富有欺騙性的滿足。同時，這種自卑情結放大困難，消解勇氣，從而將通往成功的道路堵死。

在每個人身上，自卑感和追求優越都是密切相關的。人之所以追求優越，是因為他感到自卑，力圖透過追求富有成就的目標來克服這種自卑感。只有當自卑感阻礙了這種追求，或當它由於器官缺陷而加劇到使人無法承受的程度時，自卑感才會衍變成自卑情結，衍變成一種心理問題。自卑情結是指一種過度的自卑感，它促使人去尋求唾手可得的補償和富有欺騙性的滿足。同時，這種自卑情結放大困難，消解勇氣，從而將通往成功的道路堵死。

這裏可以運用前一章那個患口吃的十三歲男孩的案例來說明。這個男孩持續口吃，有一部分是因為他的灰心失望，而他的口吃反過來又強化了他的這種狀態。這就造成了一般常說的神經性自卑情結的惡性循環。自卑情結壓迫著男孩，他想把自己藏匿起來，不想與人交往。他甚至放棄了希望，想去自殺。但從另一方面來說，口吃成了他生活模式的表達和延續也使他成為周圍人所關注的中心，從某種程度上又緩解了他內心的困惑。

這個案例富有啟發性，因為這個男孩生活的主體還是朝著對自己和社會有益的方向發展的。男孩制定的人生目標相當高遠，他期望自己成為一個舉足輕重的人物。他總是在追求認可，追求聲望，因此，他必須表現得友好和善，必須把自己的工作做得有條不紊。但是，以防萬一，他還必須為自己的失敗找個情有可原的藉口——口吃。儘管積極向上，但在這一階段，男孩的判斷力和勇氣依然在遭受破壞。

當然，口吃只是這些喪失勇氣的孩子所採取的眾多手段之一。這些手段對於這些孩子來說就像大自然賦予動物的利爪和銳角，是用來保護自己的。這些孩子認為，沒有這些本不屬於他們的手段，他們就無法應對生活。他們也不相信可以依靠自己的天賦和努力來取得成功。不難看出，是他們的脆弱和絕望促使他們採取了這些手段。有些孩子不去控制自己的大小便，這表示他們不想告別自己的嬰兒時期，不想告別那種沒有任何煩惱的日子。這些大小便失禁的孩子中只有很少人的確患有大腸和膀胱毛病。他們使用這些伎倆是為了得到家長和教師的同情，儘管有時也會遭到同伴的嘲笑。因此，孩子諸如此類的行為不應該被看做某種生理疾病，而是他們自卑情結的外在流露，或者是他們追求優越感的病態或危險的表現。

我們可以想像，小男孩的口吃也許是從很小的心理問題發展而來的。曾經在相當長的一段時間裏，他是家裏的獨子，母親全身心地照顧他。但是，後來弟弟出生了，而他也逐漸長大，於是家人對他的關注也逐漸減少，他表現的機會也在慢慢減少，因此，他便想出了新的花招——口吃，以吸引家裏人的關注。因為他注意到，口吃時與他說話的人會觀察和注意他的口型和吐字。因此，他透過口吃便把原本可能屬於他弟弟的關注和時間爭奪過來了。

他在學校的情況也如此類似。因為口吃，老師便要花更多的時間在他身上。這樣一來，口吃便有了不尋常的意義：不管是在家裏還是學校，他都因為口吃而獲得了一定的「優勢」。他像那些好學生一樣，受到別人的歡迎和喜愛，而這正是他極度渴望的。毋庸置疑，他是個好學生，不過，這個「好學生」的形象並不是他透過勤奮努力樹立起來的。

雖然他透過口吃獲得了教師的寬容，但這並不是一個值得推薦的方法。一旦這個男孩沒有獲得別人足夠的關注，他就會比其他孩子更容易受到傷害。由於弟弟成為了家庭的中心，他試圖保持自己曾經擁有的關注度的努力就越來越艱難。和其他的孩子不一樣，他沒能把自己的興趣轉移到別處。在家庭環境中，他的媽媽是他唯一重視的人物，他對其他人一概不感興趣。

要對這種孩子進行治療，首先應鼓勵他們，讓他們相信自己的能力，相信自己的天賦。我們要以同情的態度和他們相處，與他們建立一種友好的關係，而不是用嚴厲的態度威嚇他們。這些還遠遠不夠。我們還要利用這種友好的關係來鼓勵他們不斷取得更好的成就。我們還必須使他們獨立，運用不同的方法使他們對自己的精神和身體的力量感到自信，並使他們相信，透過勤奮、毅力、練習和勇氣，他們完全能夠獲得自己嚮往但尚未實現的一切。

在兒童教育中，對偏離正道的兒童作出惡毒的評價是最嚴重的錯誤。這種評價對於情形的好轉沒有任何幫助，只會加重孩子的怯懦。相反，我們應該鼓勵他們。正如詩人維吉爾所說：「我能，是因為我相信。」

左撇子的兒童相對右撇子的兒童來說是少數的，他們自身原本並不會在意是否與眾不同，常常是父母與其他成人將其貼上標籤，並使用外力來改變他是左撇子的事實，因而讓兒童產生無法融入其他兒童自卑心理。

一定不要認為貶損或羞辱能夠有效地改變孩子，雖然有時孩子會因為害怕被嘲笑而改變自己的行為，但這只是假象。我們可以透過下面這個案例來看看這種做法有多麼無效。一個小男孩因為不會游泳而不斷地遭到朋友的嘲笑。終於，他無法忍受跳入深水之中。人們費了很大的勁才把他救上來。毫無疑問，這個男孩是個怯懦者，因為他害怕承認自己不會游泳。在面臨失去尊嚴的危險時，他選擇了鋌而走險來克服怯懦。這也是大多數怯懦者的做法。但是他奮不顧身的一跳並沒有克服他的怯懦，而是加強了他不敢面對現實的心理。

怯懦是一種破壞所有人與人關係的性格特徵。怯懦帶來了一種個人主義的、好鬥的人生態度。一個怯懦的人不會顧及別人的感受，他會為了贏得認可而不惜犧牲他人的利益。怯懦毀壞社會情感，卻沒有消除對別人意見的恐懼。一個懦夫總是擔心被他人嘲笑、忽視或貶低。所以，他總是受別人的意見影響。他猶如生活在一個充滿敵意的國度裏，並形成了多疑、嫉妒和自私的性格。

有這種性格的兒童常常會變成挑剔的人。他們不願意讚揚別人，並且當別人被讚揚時，他們會心存不滿。如果一個人尋求超越他人的方式不是建立自己的成就而是貶低他人，那麼他就是怯懦者。一旦發現兒童有對他人產生敵意的苗頭，教育者的首要任務就是把他們從這種敵意中解放出來。但是教育者不可能去矯正由這種敵意而滋生的不利的性格特徵。正確的兒童教育方法是，指出他們的錯誤，向他們解釋不應該期望不用努力就贏得別人的尊重。教育者必須加強兒童相互之間的友好感情，教育他們即使別人因為做錯了事而得分較低也不要蔑視他們。否則，孩子很容易形成自卑情結，喪失生活的勇氣。

如果一個孩子被剝奪了對未來的信心，那麼他就會從現實中退縮，在對生活無益和無用的方面追求一種補償。教育者要確保學生不會喪失勇氣。即使喪失了勇氣，也要幫助他們重新獲得信心。這就是教師的天職，或者說是最神聖的職責，因為只有兒童對未來充滿希望，充滿勇氣，教育才可能獲得成功。

兒童對自己的評價也具有重要的意義。如果只是簡單地詢問，我們是不可能瞭解兒童對自己的真實評價的。不管問題設計得多麼巧妙，我們也只會得到不確定和模糊的回答。一般來說，兒童的自我評價可以分為兩種：一種認為自己舉足輕重，另一種則認為自己一文不值。只要稍加觀察，我們就能發現，持後一種評價的孩子總是會聽到身邊的成人一次又一次地對他們重複「你將一事無成！」或「你真蠢！」之類的話。

很多兒童都會被此類消極負面的責備深深刺傷。不過，也有少數兒童不會感到受傷，因為他們通常以貶低自己的天賦和能力來保護自己。

既然不能透過詢問來瞭解兒童如何自我評價，那麼我們只能去觀察他們面對問題時的態度和解決問題的方式。例如，他們面對問題時是自信果敢，還是優柔寡斷。後者是缺乏信心和勇氣最為常見的表現。我們可以用一個案例來說明這一點。有個孩子面對問題時，先是勇氣十足，但他越接近問題，就越縮手縮腳，甚至止步不前，與問題保持一定的距離。這樣的兒童有時被認為是懶惰，有時則被認為心不在焉。這兩種描述儘管不同，但其實質都是相同的。他們不像正常人那樣集中精力去面對和解決問題，而是絞盡腦汁去逃避遭遇到的困難和障礙。有時候，成人可能會誤以為這些兒童缺乏能力和天賦。但是，如果瞭解事情的原委，並用個體心理學的基本原則來加以分析，我們就會發現，這些兒童缺乏的是自信、勇氣，而不是能力和天賦。值得注意的是，一個只關注自我的個體是社會生活中的畸形人。有些過於追求優越感的兒童就屬於這樣的畸形人，他們從不顧及別人，敵視他人，反社會，貪婪無度，自私自利。

即使是在那些行為備受指責的兒童身上，我們也總能發現一種明顯的人性特徵。他們有時會感到一種人群的歸屬感，但是我們很難發現他們的社會情感，因為這些孩子的生活規劃總是遠離人與人之間的共同合作。但是，自我與世界的關係總是存在的，它暗含或表現在一定的形式之中。自卑感揭露了這種關係的藏身之處，因此只要找出自卑感的表現形式，就能發現自我與世界的關係。自卑感有無數種表現形式，眼神就是其中之一。眼睛並不僅僅用來接受和傳遞光線，它還是社會交流和理解的器官。一個人打量他人的方式就顯示出他與人交往的傾向和親密程度。因此，所有的心理學家和作家都非常重視一個人的眼神。所有人都可以根據別人打量自己的方式來判斷他對自己的看法，而人們也能夠透過眼神向別人展示自己的靈魂。儘管我們也有可能作出錯誤的判斷或理解，但即便如此，我們還是比較容易能根據一個人的眼神來判斷他是否友善。

眾所周知，那些不敢正視他人的兒童都心存疑慮。這並不意味著他們都品德敗壞，也不意味著他們有什麼不良的習慣。他們躲閃的眼神只不過是在表達他們不願與他人發生親密接觸，表示他們想從夥伴中退縮出來，哪怕這種接觸是短暫的。人與人之間靠近的距離也是類似眼神的一種訊號。如果你召喚孩子過來，一般情況下，他會先保持一定的距離，因為他想先判斷一下情況如何，然後再在必要的時候接近你。孩子對緊密關係持有疑慮，這也許因為他對此有負面的體驗，而他又以偏概全，把自己片面的認知普遍化，並濫用這種認知。同樣有趣的是，對孩子來說，他所樂於親近的人要遠比他所宣稱的最愛的人來得重要。有些孩子走路昂首挺胸，而且聲音堅定，無所畏懼，這都顯示出他們無比的自信和勇氣。而有些孩子則在別人與他說話的時候唯唯諾諾，明顯地表現出一種不能應付處境的膽怯和自卑。

在探討自卑情結時，經常會有人持這種觀點，即自卑情結是天生的。如果父母膽小怯懦，他們的孩子也可能膽小怯懦。那些在學校裏鬱鬱寡歡的學生通常來自與人交往甚少或沒有交往的家庭。這些情況自然會使人們首先聯想到他們性格的遺傳。但是，這並不是因為遺傳，而是因為他在充滿怯懦的環境中長大。家庭環境對於孩子的成長和發展極為重要。況且，一個人不能與別人建立交往關係，並不是由大腦或者器官的物理變化造成的。事實上，每個小孩無論他多麼勇敢，我們都有辦法讓他喪失勇氣，膽小怯懦，這也反駁了「自卑是與生俱來的」觀點。我們可以透過一個最簡單的案例來理解這種情況，至少在理論上理解。一個小男孩生來就有器官缺陷，曾一度身染疾病，並飽受病痛和身體虛弱的折磨。於是這個孩子開始沉溺於自我之中，認為周圍世界都是冷漠和充滿敵意的。一個虛弱的孩子必須依賴別人來減輕自己的生活負擔，依賴別人全身心地照顧他。正是因為別人對他的照顧和保護，才使他產生了強烈的自卑感。兒童在體型和力量上和成人有相當大的差距。而且，兒童又經常會聽到成人說：「兒童應該被照顧，而不是被傾聽。」所有這些印象都強化了兒童相對於成人的自卑感，促使兒童認為，他確實處於一種弱勢地位。他發現自己要比他人（成人）的身材更矮小，力量也更微弱，自然感到很不平衡。他越是強烈地感到自己矮小微弱，就越是努力追求比別人多，比別人強。他追求別人的認可又多了一分動力。但是，他並沒有努力與周圍的人和諧相處，卻為自己定下了這樣的處事原則，「只為自己著想」。

因此，我們可以在一定程度上認為，大多數體弱、殘疾和醜陋的兒童都有一種強烈的自卑感，這種自卑感通常表現為兩種極端的行為方式。他們說話時，要麼退縮膽怯，要麼咄咄逼人。這兩種表現從表面上看截然相反，實際上都出於相同的原因，都是為了追求他人的認可。他們的社會情感很弱，因為他們對生活不抱希望，認為自己實際上沒有能力為社會做出貢獻，或是因為他們把自己的社會情感用來服務於個人目的。他們希望成為領導者，英雄人物，備受世人矚目。如果一個兒童多年來一直沿著一個錯誤的方向發展，我們就不能期望只透過一次談話就可以改變他的生活方式。例如，一個兒童兩年來數學成績一直很糟糕，那麼他就不可能在兩週內把成績給補上去。不過，可以肯定的是，成績最終是能夠補上去的。因此，教育者要有足夠的耐心。如果一個兒童開始取得了進步，可是後來又出現了反覆，這時就需要向他解釋清楚，進步並不是一蹴而就的。這樣的解釋可以讓他安心，不至於喪失信心。我們一再強調，兒童的能力欠缺是因為他的總體人格走上了錯誤的發展道路，因為他偏離了常態，有欠缺，陷入了困難的境地。幫助這些有行為問題的兒童是能產生效果的，只要他們不存在天生的智力障礙。因為正常的、富有勇氣的兒童能夠彌補一切。

兒童能力欠缺，或表面上的愚蠢、笨拙、冷漠，並不能充分證明他是有智力障礙。弱智兒童大腦不正常，並且這種不正常造成了身體上的缺陷。有時，這些身體上的缺陷會隨著時間流逝而消失，但它們仍會在心理上留下痕跡。換句話說，曾受身體缺陷之苦的兒童，即使在他們體質強壯以後，也仍然表現得相當虛弱。

進一步來說，心理上的自卑感和以自我為中心可能緣於身體缺陷，也可能是成長環境造成的。例如，家長對孩子教育錯誤，或缺乏慈愛，或管教太嚴。這種情況下，孩子會認為，生活就是一場苦難，因而對周圍環境產生一種敵對的情緒。由此產生的心理缺陷和由於身體缺陷引起的心理缺陷即使不是完全相同的，起碼也是相似的。

可想而知，要治療那些在無愛環境下成長的兒童將會困難重重。他們會以看待那些曾傷害過他的人的方式來看待我們；任何為促使他們上學而作出的努力都會被理解為對他們的壓制。他們總是感到被束縛。一旦有機會，他們就會反抗。他們對於自己的夥伴也沒有正確的態度，因為他們對那些曾擁有幸福童年的孩子充滿嫉妒。

這些心懷怨恨的兒童通常會有一種破壞別人生活的性格特徵。他們缺乏應對環境的勇氣，因此，便試圖利用欺凌弱小並徒然提高對弱小者的友善來補償其無力感。只有當別人接受他們的控制時，他們的友好態度才會維持下去。許多孩子在這方面陷得太深，他們要麼只與那些處境比較差的孩子交往，這正如有些成年人只與遭遇不幸的人交往一樣；要麼偏愛和那些比他們年幼、貧窮的孩子交往。這種類型的男孩有時還樂於與那些非常溫柔、順從的女孩交往，當然這不是因為異性的吸引力，同樣是為了補償自己的無力感。

A D L E R

第六章

防止兒童產生自卑情結

如果一個兒童曾有身體功能的缺陷，那麼他原本正常的心理發展就會受到強烈的影響。他甚至會因此形成悲觀的人生態度。即使隨著時間的流逝，身體功能的缺陷消失，當初的心理影響也依然存在。

如果一個兒童曾有身體功能的缺陷，那麼他原本正常的心理發展就會受到強烈的影響。他甚至會因此形成悲觀的人生態度。即使隨著時間的流逝，身體功能的缺陷消失，當初的心理影響也依然存在。許多得過佝僂病的兒童，即使在痊癒之後也仍然保留著這個疾病留下的生理上痕跡：行動笨拙、支氣管炎、頭部畸形、脊骨彎曲、膝蓋腫大、關節無力、體態不良等等。而這些兒童在患病期間形成的挫敗感和悲觀的人生態度也一併持續了下來。看到小夥伴們在行動時如此輕鬆熟練，他們就會感到一種壓抑的自卑感。他們要麼低估自己，甚至對自己完全喪失信心，很少努力獲得進步；要麼不顧身體上的缺陷，絕望地追趕那些比他們幸運的夥伴。很明顯，這是因為他們沒有足夠的認識力來正確判斷自己的處境。

兒童的發展既不是由天賦決定，也不是由客觀環境決定；兒童對客觀現實的看法和他們與客觀現實的關係才是兒童發展的決定因素。這是一個重要的事實。兒童天生的能力並不占主導地位。如果兒童的錯誤是天生的，那麼我們也不可能教育他或改善他。如果我們相信兒童性格是天生的，我們就不能夠、也不會做教育兒童的工作。同樣，成人從自身的角度對兒童的評價和看法也不重要。重要的是，成人要以兒童的視角來看待他們的處境，理解他們的錯誤判斷。成人不要期望兒童的行為不會出錯，不要期望他們會按照成人成熟的理智來行動，而是要意識到，兒童在理解自身的處境時會經常犯錯。如果兒童不犯錯，兒童教育不僅不可能，也完全沒有必要。

俗話說，健康的靈魂寓於健康的身體之中。但情況不見得都是如此。健康的靈魂也完全能夠寓於有缺陷的身體之中，只要這個兒童能夠克服身體的缺陷，勇敢地面對生活。相反，健康的身體也會培養出不健康的靈魂，如果這個兒童遭遇了不幸事件，並由此對自己的能力產生誤解的話，任何一個挫敗，都會使他認為自己很無能。

有些兒童除了運動障礙外，還有語言障礙。兒童說話和走路的練習經常同時進行。不過，說話能力和行走能力之間並沒有任何關聯，它們取決於兒童的教育和家庭環境。有些兒童本來不會出現說話困難，可是由於父母忽視了教育，他們便出現了說話障礙。一般來說，生理正常的兒童，到一定的年齡自然能學會說話。可是，在有些情況下，特別是在視覺極為發達的情況下，兒童說話會延遲。在另一些情況下，例如父母過分溺愛孩子，總是在孩子開口之前就代替他們說出一切，也會阻礙孩子試圖去表達自我。這樣的孩子需要很長時間才能學會說話，他們甚至會被認為患有耳聾。這種孩子一旦學會說話，他們就樂於說話，並通常會成為能言善辯者，甚至演說家。作曲家舒曼的妻子——克拉克‧舒曼就是這樣一個例子。她到四歲時仍然不會說話，到了八歲時，也只能說很少的話。她非常古怪，也特別內向，喜歡待在廚房消磨時光。我們可以推斷出，沒有人關注她。她的父親是這樣評價的：「令人詫異的是，這一如此明顯的精神不協調，卻是她那異常和諧的一生的開始。」

值得注意的是，聾啞兒童應該獲得特別的訓練和教育，不管他的聽覺存在多大的缺陷，他都應該得到最大可能的治療和改善。因為越來越多的事實證明，完全耳聾的例子並不常見。羅斯托克的大衛‧卡茲教授就曾證明，他如何成功地把那些被認為是缺乏音樂聽覺的人，引向了能夠全面欣賞音樂及其他美妙聲音的道路。

通常，有些孩子的大部分功課都很好，但卻有某一門科目不盡人意，這時他們的能力就會遭到懷疑。特別是當他們不擅長的是數學時，這種懷疑更會加深，甚至會有人懷疑他們存在智力障礙。兒童算術不好並非一定是智障，還有許多其他原因。他們可能曾經在學習某一課題時遇到困難喪失了信心，便不再在這方面下工夫。也有可能是因為他們所生活的家庭不懂計算的重要性，特別是那些少數藝術家家庭。另外，還有可能是因為這樣一種普遍的觀點，即男孩比女孩更擅長數學。這種觀點會使女孩子對數學喪失信心。但是，事實證明這種觀點是錯誤的，女性中也有很多優秀的數學家和統計學專家。我們把一個孩子是否會運用數學作為心理健康的一個重要指標。因為數學是少數幾個給人以安全感的學科之一。數學是一種把我們周圍混亂的世界用數字穩定下來的思想操作。具有強烈不安全感的人通常都在計算方面有一定的障礙。

圖中的兒童因為成績不理想，或許是想逃避父母、導師的處罰，還是不想被同學取笑，竟升起塗改成績的念頭。如發現這種行為父母不能急著處罰，要仔細求證孩子行為背後的動機為何，及時矯正這種錯誤行為。

其他同樣能給人安全感的學科還有寫作、繪畫、體操、舞蹈等。寫作就是把存在於內在意識的聲音在紙上表述出來，從而給予寫作者一種安全感。畫家用線條和色彩把流逝的光學印象保留下來，從而獲得安全感。體操和舞蹈能讓練習者和諧地控制身體，從而給予他們安全感。也許這就是很多教育者熱衷於體操的原因吧。

兒童在學習游泳方面有障礙是自卑感的一個明顯表現。如果一個兒童很容易就學會了游泳，那麼這也是他克服其他困難的一個好兆頭。與此相反，一個學習游泳有障礙的兒童會對自己和他的游泳教師喪失信心。值得關注的是，許多最初學習游泳時有一定障礙的兒童，最終卻成為了游泳健將。這可能是因為這些兒童對當初的困難過於敏感，耿耿於懷，而一旦學會了游泳，便受此激勵，追求游泳方面的完善目標，於是便成為這方面的高手。

瞭解兒童與家庭成員的親密程度是非常重要的。通常，孩子和他母親的關係最為親密，要不就是和家庭中的另一個成員建立這種親密關係。每個兒童都有這種能力。如果一個兒童主要由他母親撫養長大，卻與家裏的另一個成員關係親密，那麼就應該好好找找其中的原因了。很明顯，任何兒童都不應該把自己的全部興趣和注意力都放在母親一個人身上，因為母親最重要的任務就是把兒童的興趣和信任擴展到他的同伴那裏。祖父母在兒童的成長中也扮演著重要的作用。他們通常會溺愛兒童，因為老人常常擔心自己老了沒多大作用了，便產生了過於強烈的自卑感。於是他們要麼吹毛求疵，要麼心軟和善。他們為了使自己在兒童眼裏顯得重要，從不拒絕他們的任何要求。通常，那些在祖父母家中被溺愛的兒童不願意回家，因為在家裏，他們受到的紀律和約束要相對多一些。回家之後，這些孩子會抱怨在家裏沒有在祖父母家裏舒服。那些研究某一特定兒童生活風格的教育者應該重視祖父母在兒童成長中的作用。如果經過長時間的治療，兒童由佝僂病引起的行動笨拙（參見附錄一心理問卷問題二）沒有得到改善，通常是因為他受到太多照顧而被寵壞了。母親們要學習教育的智慧，即使孩子生病，需要特殊照顧，也不要扼殺了他們的獨立性。

另一個重要問題是，孩子是否製造了太多的麻煩（附錄一心理問卷問題三）。如果情況屬實，我們可以肯定是因為母親太過溺愛孩子了，她沒有培養孩子的獨立性。孩子製造麻煩通常表現在睡覺、起床、吃飯或洗澡的時候，他們會做噩夢或者尿床。如果兒童表現出這些症狀，那麼我們可以肯定地說，這個孩子的成長環境有問題。他不斷製造麻煩，似乎是不停地尋找控制成人的武器。在這種情況下，懲罰是沒有用的，他們還會製造更大的麻煩去刺激父母懲罰他們，讓父母明白他們不懼怕懲罰。

兒童的智力發展也是一個特別重要的問題。目前，要正確地回答這個問題仍有一定的難度。有時人們用比奈—西蒙量表來測試智力，但是，結果並不可靠。其他的智力測試也同樣如此。人的智力不是終生不變。一般來說，兒童的智力發展主要取決於家庭環境。那些物質環境較好的家庭能夠給孩子提供幫助，讓孩子不僅獲得較好的身體發展，而且還能獲得較好的精神發展。那些精神發展順利的兒童往往會被預定從事腦力工作或較好的職業，那些精神發展較慢的兒童則會去做體力工作或較差的職業。後者絕大多數來自貧困家庭。值得注意的是，有些國家為那些學習較差的兒童開設了特殊的班級，讓他們享受良好的成長環境。經過特殊培訓後，這些孩子的學習成績都有很大的進步。由此，我們可以得出結論，如果家庭貧困的兒童能夠在較好的物質環境下生活，那麼他們也完全能夠取得相應的好成績。

另一個需要探討的問題就是兒童是否會因為被取笑而灰心失望。一些孩子能夠忍受別人的嘲笑，另一些孩子卻可能會因此喪失勇氣。他們迴避困難，並把自己的注意力轉移到外在形象上，這就表明他們對自己沒有信心。如果一個兒童不斷地和人爭鬥，並總是擔心如果自己不主動進攻就會受到他人的攻擊，那麼由此就可以推斷出他對環境充滿敵意。這種兒童不願意順從，把順從視為卑微的標誌。他認為，對別人的問候予以禮貌的回應也是屈辱的行為，因此總是傲慢無禮；他從不抱怨，因為他把在人前抱怨看作一種低聲下氣的表現；他從不哭泣，甚至在本該哭泣的時候反而大笑，給人一種缺乏情感的冷酷印象。實際上，這恰恰證明了他的脆弱。每一個冷酷的行為背後都隱藏著脆弱。真正強大的人是不會對冷酷感興趣的。這類兒童經常不修邊幅，他們咬指甲，挖鼻孔，頑固不化。事實上，他們需要鼓勵，也應該讓他們明白，在他們行為的背後隱藏著恐懼——害怕表現出脆弱。

第四個問題是，孩子是容易和人相處還是不善與人交往，或者是一個領導者還是追隨者。這個問題和孩子與人交往的能力有關，即與他社會情感的發展程度或信心的多少有關，更與他控制別人的欲望的大小有關。如果一個孩子自願與人隔絕，這就表示他對與別人競爭沒有足夠的信心，表示他對優越感的追求過於強烈，以至於擔心他在交往群體中無法產生主要的作用。喜歡收集物品的孩子通常想增強自己，超越別人。有這種興趣的孩子比較危險，他們容易野心膨脹，貪婪無度。他們這種尋找外在支持的行為體現了內心的脆弱。一旦被人忽視，他們就容易偷盜，因為他們比一般兒童更渴望被關注。

第五個問題涉及兒童對學校的態度。我們應該注意他們上學是否磨蹭拖拉，上學時是否會情緒激動（這樣的激動經常表現為拒絕上學）。在不同的情況下，兒童對學校的恐懼有多種表現形式。一旦老師交代了家庭作業，他們就會神經激動、緊張，還會因此心悸。有些兒童甚至還會表現出器官變化，如性的興奮。有些兒童面對考試時總會極度緊張，因為考試分數就像終生的判決，學校會按照分數對他們進行分類，所以給學生打分數的做法並不應該提倡。

兒童是否願意做家庭作業？忘記做家庭作業顯示他有逃避責任的傾向。家庭作業做得不好和做作業時顯得不耐煩，都是兒童用來躲避上學的手段，因為他們更願意做其他的事情。

兒童是否真的懶惰？其實有些孩子並非真的懶惰，他們只是不想被視為無能。如果一個孩子在學校沒有完成任務，那麼他寧願被視為懶惰而不是無能或者沒有天賦。一個懶惰的孩子一旦做好某件事情，他就會得到讚揚，並且聽到「他如果不懶惰，就能做好許多事情」的評價。這種孩子對於此種說法感到非常滿意，因為他認為，他不再需要證明自己的天賦和能力。那些缺乏勇氣、精神不振和總是依賴別人、無法獨立的孩子屬於這種類型，那些擾亂課堂教學以吸引別人注意和被寵壞的孩子也屬於這種類型。

兒童對教師是什麼態度？這是一個很難回答的問題。一般情況下，孩子們會隱藏他們對教師的真實感情。

最難對付的是那些滿不在乎、感覺冷漠以及消極被動的孩子。他們戴著一副假面具，事實上，他們非常在乎。這種孩子失去自我控制時常常會大發雷霆，暴跳如雷，嚴重時甚至會自殺。他們只做那些被要求和被命令去做的事情。因為他們害怕失敗，缺乏勇氣，並高估他人，所以他們同樣需要鼓勵。

我們會看到，那些想在體育運動方面大顯身手的孩子，在其他領域也想一展風采，只是他們害怕失敗罷了。那些閱讀量遠遠超過正常兒童的孩子，通常也缺乏勇氣，他們希望透過閱讀來增加力量。這樣的兒童雖然有豐富的想像力，但是一旦面對現實就會恐懼不已。觀察孩子偏愛哪種類型的書籍也非常重要，例如，處於青春期的兒童很容易被色情圖書吸引。不幸的是，這樣的作品在每個大城市都有出售。強烈的性欲和對性經驗的渴望會把孩子的注意力引向這一方面。為了平衡這種有害的影響可以採取以下手段：讓孩子為將來成為一個好伴侶做好準備——進行早期性啟蒙教育並與父母建立良好關係。

第六個問題涉及家庭的健康情況，即家庭成員是否患有疾病，例如精神病、肺病、癲癇病等。家庭疾病也會妨礙孩子的成長和進步。如果可能的話，應該儘量避免讓孩子知道家裏有精神病患者。因為精神疾病會給整個家庭投上一層陰霾，人們迷信地認為，這種病症會遺傳。其他的疾病如肺病和癌症也是如此。所有這些疾病都會對兒童的精神和心理產生可怕的影響。患有慢性病的父母會給孩子造成嚴重的負擔，家庭中的慢性酒精中毒和犯罪傾向就像毒素一樣，讓孩子難以抵禦的。癲癇病患者經常容易激動、發怒，破壞家庭的和諧。所有疾病中危害最大的就是梅毒。父母患梅毒的孩子多數非常虛弱，他們自己也身患梅毒，在應付生活問題的時候，常常遇到悲劇性的困難。有時，把小孩從這樣的家庭環境中轉移出去會對他們更有好處。然而卻經常很難為孩子找到合適的安置地方。

我們不能忽視的事實是，家庭的物質生活條件會影響兒童對生活和未來的看法。與家庭物質條件較好的兒童相比，出身貧困的兒童會有一種匱乏不足的感覺。家庭富裕的孩子在家庭墮入困頓、失去了往日他所習慣的舒適時，也往往難以應付生活。如果祖父母的家庭物質條件比父母的優越，孩子所感受到的不安就更為強烈，就像彼得・根特總是擺脫不掉這樣的困惑：他的祖父權勢顯赫，而他的父親卻一事無成。在這種家庭成長的孩子通常都異常勤奮努力，這實際上也是在抗議父親的懶惰。

初次遭遇死亡通常會給孩子帶來震撼，讓他們知道生命也有終結，並讓他們從此能夠同情他人的不幸。很多醫生之所以從醫，是因為經歷了一次可怕的死亡。但這種認識也會使他們灰心喪氣，或至少令他們膽怯恐懼。孤兒或繼子通常會把他們的不幸歸咎於父母的死亡。這也表明死亡的陰影會對孩子造成多大的影響。因此，儘量避免讓孩子背上這種負擔，因為他們還不能完全應付此事。

瞭解家庭由誰做主，對於認識兒童心理也非常重要。家庭通常都由父親做主，也應該由父親做主。如果家庭由母親或繼母做主，會對兒童的成長產生不利的影響，父親通常也得不到孩子的尊敬。如果一個男孩來自母親做主的家庭，那麼他通常會對女人產生一種揮之不去的畏懼。這樣的男人要麼會迴避女人，要麼會讓他們家裏的女人（包括妻子）苦惱不已。

我們還有必要瞭解對孩子的教育是過於嚴厲還是過於溫和。過於嚴厲或過於溫和的教育方法都是個體心理學不主張的。正確教育孩子的方法是理解孩子，不斷地鼓勵他們勇敢地面對和解決問題，並發展他們的社會情感。對孩子過於挑剔或者嚴厲的教育會使孩子喪失勇氣，而過於溫和或溺愛的教育又會使孩子形成依賴心理。因此，父母既不要用玫瑰色來美化現實，也不要用悲觀的態度來描摹世界。他們的職責是讓孩子盡可能充分地為生活做好準備，使他們能夠自如地應對未來。如果孩子沒有接受教育，那他怎麼面對困難、克服困難呢？他在以後的生活中會試圖迴避所有的困難，使自己的生活範圍越來越狹小。

我們還應該瞭解孩子的撫養者。這個人當然並不一定總是孩子的母親。不過，即使不是母親親自撫養孩子，她們也應該熟悉管教孩子的人。教育孩子最好的方式就是讓他們在實踐中學習，當然，是在合理的範圍之內。這樣一來，孩子的行為就不是受他人強迫和限制的結果，而是遵循了客觀事實邏輯。

問題七涉及孩子在家庭中所處的地位。這種地位對於孩子的性格發展也具有意義重大。獨生子女的地位通常非常特殊；只有兄弟的獨生女和只有姐妹的獨生子的地位也都很特殊。

問題八涉及職業選擇。這也特別重要，因為它顯示了環境對兒童的影響，顯示出兒童社會情感的發展程度及他們的生活節奏。

白日夢（問題九）和對童年的記憶（問題十）一樣富有意義。童年記憶是孩子整個生活風格的縮影。夢境也會顯示出孩子的發展方向，顯示他們是嘗試解決問題，還是逃避問題。

如果孩子長到十五歲還不知道自己想成為什麼，那麼他已經對自己喪失了信心，我們應該給予他們相應的幫助和治療。此外，我們還應該關注孩子家庭成員的職業、兄弟姐妹的社會地位的差異及父母婚姻狀況。教師的任務就是審慎行事，切實瞭解兒童及其世界，並利用問卷調查所瞭解的情況來對他們進行矯正和改善。

ADLER

第七章

社會情感和兒童成長的障礙

由於兒童身體的不成熟，教育是異常必要的，教育的目的產生於這樣一個事實，即只有依靠群體的力量才能克服兒童的不成熟。教育的目的必然是社會性的。

和前面幾章所討論的追求優越感的案例相反，我們在許多兒童和成人身上也會發現一種把自己和他人聯繫起來、與他人合作完成任務並使自己成為對社會有用的人的願望。對於這些現象，我們最好用社會情感這個概念加以概括。那麼，社會情感的根源是什麼？人們對此眾說紛紜，莫衷一是。不過，根據本書作者到目前為止的發現，這個問題和人的概念有著不可分割的關聯。

我們也許要問，這種社會情感是否比人對優越感的追求更加接近人的天性？對此問題的回答是，這兩種心理在根本上擁有相同的核心，個體追求優越和渴望社會情感都建立在人的本性的基礎上。兩者都是渴望獲得肯定和認可的根本表現；它們表現形式不同，而這種差異又涉及對人的本性的兩種不同假設。個體追求優越感涉及的人性假設是個體不依賴於群體，而渴望社會情感的人性假設是個體是在一定程度上依賴於群體和社會的。前者所代表的是一種更合理、在邏輯上也更加根本的觀點，而後者代表的則是一種膚淺的表像，即使這種心理現象會更頻繁地出現在個體生活中。

如果想知道社會情感在何種意義上是合乎真理和邏輯的，我們只需要對人做一個歷史的考察就會發現，人總是群體地生活在一起。這個事實並不令人吃驚。因為任何單個不能保護自己的動物，出於自我保護的原因，都會被迫群居在個起。把獅子和人作個比較，我們就會發現，人作為動物的一個種類，其生存環境極不安全。那些和人大小相當的絕大多數動物，則擁有更為強大的力量，被大自然賦予了良好的攻擊和防禦武器。達爾文觀察到，所有那些防禦能力不夠強大的動物總是群體出沒。比如，那些體力異常強大的猩猩一般都是和伴侶單獨生活，而猿類家族中那些體型較小、力量較弱的成員則總是成群生活在一起。正如達爾文所指出的那樣，由於大自然沒有賦予這些動物尖牙利爪和翅膀等，它們便組成群體以補償這方面的不足。

組成群體不僅可以彌補單個動物作為個體所缺乏的能力，而且還使他們發現新的保護方法。這種方法可以改善他們的處境，使它們更為安全。例如，有些猴群會派出前路偵察，查看附近是否有敵人。它們透過這種方式彙聚集體力量，以彌補群體中每一個體力量的不足。

我們也會發現，一個牛群會集結成圓形的防禦圈，以抵禦體形遠大於自己的單個敵人的進攻。

研究這類問題的動物學家也指出，在這樣的動物群體中，我們經常會發現與我們的法律類似的制度化安排。比如，派出偵察情況的動物必須按照特定的行為規則生活，它們所犯的每個錯誤或違反規則的行為都會受到群體的嚴厲懲罰。

有趣的是，許多歷史學家認為，人類最古老的法律與部落的守護者有關。如果是這樣的話，我們就對動物由於個體不能保護自己而形成群體的觀念有了直接的認識。從某種意義上說，任何社會情感都反應了體力的虛弱，並與體力關係密切。因此，就人類來說，我們最好在嬰兒和孩童時期發展和促進他們的社會情感，因為他們這時最無助而且成長緩慢。

我們發現，在所有的動物王國中，除了人，沒有任何動物像人類的孩子出生時那樣無助。正如我們所知，人類達到成熟所需的時間最長。其中的原因並不在於兒童在長大成人之前有無數的東西需要學習，而是因為人的成長發育需要很長的時間。兒童需要父母保護的時間要遠遠長於其他任何生物，這是因為他們身體器官的發育依賴於父母的保護。如果兒童沒有這樣的保護，人類就會滅絕。我們可以把兒童身體上的脆弱期視為把教育和情感結合起來的時刻。由於兒童身體的不成熟，教育是異常必要的，教育的目的產生於這樣一個事實，即只有依靠群體的力量才能克服兒童的不成熟。教育的目的必然是社會性的。

我們所有的教育規則和教育方法絕對不能忽視群體思想和社會適應的思想。不管我們是否意識到，我們總是讚美那些對社會有益的行為，總是唾棄那些對社會不利或有害的行為。

我們所觀察到的全部教育方面的錯誤之所以是錯誤的，是因為在我們看來，它們對社會產生的影響是不利的。無論哪一項偉大的成就，包括人的能力的發展也都是在社會生活和社會情感的基礎上得以實現的。

讓我們以語言為例進行說明。語言對於一個獨居的人來說是不必要的。語言的存在和發展無可辯駁地證明了人類群居的必要性。語言是人類群居的產物，同時也是人與人之間溝通的橋樑。只有以群居和社會的思想為基礎，語言的心理學才能夠得到理解。獨居之人完全不可能對語言產生興趣。如果一個孩子不去廣泛地參與社會生活，如果他只是在封閉、隔離的環境中長大，那麼，這在他語言能力的發展過程中就會成為很大的障礙。只有當他與其他人或群體產生關聯時，他的語言天賦才能得到不斷發展。

與其他孩子相比，有些孩子之所以更善於說話和表達，一般我們認為其原因在於他們有更好的語言天賦。事實上並非如此。有語言障礙或與他人無法自由交流的兒童一般會缺乏強烈的社會情感。造成兒童具有語言障礙的原因是家人的過分寵愛。在這些孩子表達自己的意見之前，他的一切就已經被母親安排得妥妥當當了。孩子感覺自己沒有說話的必要，因此也就不會與外界進行接觸，從而喪失了適應社會的能力。

有些孩子說話的時候反應非常遲鈍或有的根本就不願說話，其原因就是他們的父母從不讓他們把一句話說完，也不讓他們自己回答問題；還有一些孩子則由於說話時遭到過取笑和嘲諷，從而失去了說話的信心。在孩子說話時不斷地進行糾正和反覆挑剔似乎是一個普遍存在的不良習慣。這會造成嚴重的後果，這些兒童會因此長期受到自卑感的困擾。例如，有些人在每說一句話之前都要先不斷地重複「請大家不要取笑」，這樣的表述在我們的生活中是很常見的。毫無疑問，這些人在童年說話的時候肯定有過被取笑的經歷。

有這樣一個例子：一個小孩聽和說的能力都沒有問題，但他的父母卻又聾又啞。每當他受傷的時候，他總是默默地流淚，而不是大哭大叫。因為無論他發出多大的聲音他的父母也聽不到，只能看見他傷心流淚的樣子。

假如沒有社會情感的話，人的其他能力，如理解力和邏輯推理能力就不能得到充分的發展。與世隔絕的人根本不需要邏輯，或可以說他對邏輯的需要並不會比一個動物多。另一方面，一個人要想完整和他人進行接觸和交往，就必須運用語言、邏輯和常識，所以他必須使自己的社會情感得到發展。所有邏輯思考的最終目的也正在於此。

有時候，我們可能會認為有些人的行為很不明智，然而，如果從行為者的目的來看，這些行為卻是十分明智的。在那些總覺得別人也會用與他們一樣的眼光看問題的人身上這種現象是比較常見的。這也顯示社會情感和常識在行為判斷方面的重要性（更何況，如果社會生活比較簡單，不會使個體面臨如此錯綜複雜的問題的話，那麼也就沒有必要來培養常識了）。我們也可以想像，原始人之所以保持著原始水準停滯不前，就是因為他們相對簡單的生活未能刺激他們的思想在深度和廣度上繼續發展。

社會情感在人的語言能力和邏輯思考能力的發展過程中所發揮的作用是非常關鍵的。語言和思考能力常被視為人的神聖能力。如果一個人試圖完全拋開他所生活的社會環境來解決面臨的問題，或使用只被他自己理解的語言，那麼整個社會就會陷入混亂之中。社會情感讓個體感受到一種安全感，同時這種安全感也支撐著他的全部生活。這種安全感也許不同於我們對邏輯思考及真理的信任，然而，它是這種信任不可或缺的組成部分。為什麼數學計算能讓所有人產生這樣一種信任感，以至於我們更願意相信那些只有能用數字表達的東西才是真實和正確的？這是因為，數學計算比其他的思考過程更易於向我們的同伴傳播，同時，我們的理智也更容易對此進行識別。我們總是不太信任那些不能傳播、不能與人分享的真理。毋庸置疑，這也是柏拉圖嘗試按照數和數學模式來建構自己總體的哲學思想的原因所在。柏拉圖讓走出「洞穴」的哲學家再重返「洞穴」，我們可以從中對他的哲學（數學模式）與社會情感之間的密切關係有一個更為清晰的認識。柏拉圖認為，對一個哲學家來說，如果他不具備源於社會情感的安全感，那麼，即使是他們自己也不可能正確地生活。

讓那些沒有安全感的孩子與他人接觸或讓他們獨立完成某項特定的任務，它們在安全感方面的欠缺就會表現出來。此外，他們也會在對某些學科的學習上表現出不安全感，尤其是那些需要進行客觀和邏輯思考的學科，比如數學。

人們在童年時期，通常都是以片面的方式接觸一些主要觀念（例如道德感、倫理規則等）的。倫理學在那些離群索居的人看來是不可理解的，也是沒有任何意義的。只有當我們把社會和他人的權利考慮在內時，道德觀念才會出現，也才具有意義。然而，要想在審美和藝術創作方面證實這個觀點並不是一件容易的事情。哪怕是在藝術領域，也存在著一種普遍的、統一的模式，它源自於我們對健康、力量和正確的社會發展等的認知。毫無疑問，藝術界限的彈性較大，同時藝術也給個體的趣味提供了更為廣闊的空間。但總體而言，藝術、美學也都遵循著社會的方向。

那麼我們又該怎樣確定一個兒童社會情感的發展程度呢？對這一問題，我們認為需要透過觀察他特定的行為表現來確定。例如，我們看到一個兒童為了追求優越感而總想表現自己，那麼我們就能夠斷定，與那些沒有這種行為表現的人相比，他更缺乏社會情感。在當代的文化中，不想追求優越性的兒童是很少見的。因此通常情況下，個體的社會情感都沒有得到充分的發展。人類的批判者——各個時代的道德家們總是對這種狀況（從本性上講，人總是以自我為中心，更多地為自己考慮）進行不斷的批判和攻擊。這種批判的形式一般都是道德說教，但它對兒童或成人並不能發揮作用，因為光靠道德說教的力量是很單薄的，也不會使情況發生很大改變；人們最終也會這樣安慰自己：我並不比其他人差多少。

不論是人類或是動物，相對弱勢的群體為了保護自己，都會選擇群居以帶給自己安全感。對於強大的個體來說，為了顯示自己的強大與地位，往往會選擇獨自居住。

當面對一個思考混亂甚至已經形成了有害的思想或犯罪傾向的孩子的時候，我們一定要知道，長篇大論的道德說教對他幾乎不會產生任何效果，對他要進行深入的探究，徹底清除其有害的心理根源。也就是說，我們不要把自己當成道德的法官來審判他們，而要爭取成為他們的朋友或治療他們的醫師。

假如我們不斷地對一個兒童說他很壞、很愚蠢，那麼，用不了多久，他就會認為我們所說的是正確的，並最終失去克服困難和解決問題的勇氣。這個孩子會認為自己天賦比別人差，覺得自己的能力有限，得到發展的可能性也很小。他的這種態度充分表現出他消極的心境，這種心境與環境對他的不良影響有著密切的關係。

個體心理學所要表明的是，總是可以從孩子所犯的錯誤中看到環境產生的不良影響。例如，在一個邋遢的孩子背後總有一個幫他收拾、整理的人；一個謊話連篇的孩子總是深受一個趾高氣揚的成人的影響，這個成人總想以強硬和嚴厲的手段來糾正小孩說謊的毛病。在孩子吹牛的習慣中甚至也可以找到環境影響的蛛絲馬跡。一般來說，這樣的孩子渴望的是得到表揚，而不是成功地完成自己的任務；在追求優越感的過程中他總是渴求家庭成員能夠給他肯定。

孩子在家庭中的不同處境經常會遭到父母的忽視或誤解。那些有很多兄弟姐妹的孩子與獨生子女相比，其處境就存在很大的差異。長子的處境一般都很特別，因為他有段時間曾是家裏唯一的孩子。次子是無法體會這種經歷的。么子的處境也是其他孩子所不能體會的，因為在家庭中他曾是最小、最弱的孩子。如果兩個兄弟或兩個姐妹一起長大，那麼年幼的孩子也要面對年長且能力較強的孩子所面對的困難。但相對來說，年幼的孩子的處境更為不利，這一點他自己深有體會。為了使這種自卑感得到補償，他會更加努力，以超越哥哥或姐姐。

通常透過對兒童的個體心理學的長期研究可以判斷出孩子在家庭所處的位置。如果年長的孩子取得正常的進步，就會刺激年幼的孩子更加努力地追趕他的哥哥或姐姐。這樣造成的結果就是年幼的孩子通常更加勤奮努力，也更加盛氣凌人。如果年長的兒童比較虛弱，也沒有得到很好的發展，那麼，年幼的孩子也就沒有必要努力和他展開競爭了。

所以，確定一個孩子在家庭中的位置是非常重要的，因為我們要想對他有一個清楚的認識，就必須瞭解他在家庭中的位置。家庭中年齡最小的孩子表現出來的也必然是年齡最小的跡象和特徵。當然了，也會存在例外的情況。最小的孩子有時也希望超過其他所有的哥哥姐姐，他們奮發圖強，夜以繼日，他們總覺得自己一定要比其他所有人做得更好，要不斷積極進取。這樣的觀察對孩子的教育有著非比尋常的意義，因為這決定著用什麼教育方法。對不同的孩子都千篇一律地採取相同的方法肯定是行不通的。不管哪個孩子都是一個獨特的個體。當我們依據一定的標準來對他們進行分類時，我們還必須把每個孩子作為個體來對待。學校當然很難做到這一點，但對於一個家庭來說，做到這一點應該並不是很困難的事情。

還有一種類型的么子與上面描述的積極進取型完全相反，他們徹底喪失了信心，變得極為懶惰。可以從心理學上對這兩種類型兒童表面上的差異進行解釋。那些渴望超越所有其他人的人比任何人都更容易受到困難的傷害。他們過大的雄心會使他們整天悶悶不樂，而且一旦遇到看似不可逾越的障礙，他就比那些沒有如此高遠目標的人更容易採取退縮和逃避的態度。我們可以用一句諺語來形容這兩類孩子的人格化的特徵：「或全有，或全無」。

在《聖經》中我們可以找到與我們的經驗類似、有關么子取得成就的精彩記述，例如約瑟夫、大衛和梭爾等。當然，人們難免會對此提出異議：約瑟夫還有一個弟弟——班傑明。然而，班傑明是在約瑟夫十七歲的時候出生的，所以仍然可以把約瑟夫歸入么子之列。不僅《聖經》中有對么子成就的描述，在各種神話傳說中我們也可以找到很多類似的例子。在所有的神話中，么子所取得的成就都超過了他的哥哥和姐姐：在德國、俄羅斯、斯堪的納維亞或中國的神話中，最年幼的孩子總是征服者。這絕對不是一個偶然的現象。這或許是因為與今天相比，古代么子的形象更突出、更鮮明。在原始的條件下，這種現象或許更容易引起我們的注意，所以我們也可以更好地觀察到這類關於么子的形象。

一般來說，每個孩子都會形成與其在家庭中的地位相一致的人格特徵，關於這一點還有許多可以進行深入研究的地方。例如，家中的長子通常有許多相似之處；我們據此可以將其劃分為兩個或三個主要類型。

我曾經用了很長的時間來研究有關長子的問題，但是，一直也未能獲得一個清晰的認識，直到有一天一個偶然的機會看到馮塔納自傳中的一段文字。馮塔納在這段文字中對他的父親進行了描述，一個法國的移民，參加一場波蘭對俄羅斯作戰的情況：當他的父親讀到一萬名波軍與五萬名俄軍對峙時敗下陣來並四散奔逃時，總會顯得特別高興和幸福。馮塔納對父親的這一舉動很是不解。他甚至提出異議，在他看來五萬名俄軍比一萬名波軍強大是理所當然的，「如果不是這樣的話，我就會感到很不高興，因為強者畢竟是強者」。當看到這段文字的時候，我們馬上就能夠得出這樣一個結論：「馮塔納是家裏的長子」。這樣的話只能出自於長子之口。馮塔納還記得，他作為家庭中唯一的孩子，曾擁有多大的權力！而當他的「王位」受到一個弱者（弟弟、妹妹）的威脅時，他又會感到多麼不公平。我們可以看到這樣一個事實，即長子的性格通常都偏於保守，他們相信權力，奉行規則和法律。他們具有公開而毫無愧疚地接受專制主義的性格傾向。他們對權位抱有積極肯定的態度，因為他們自己也曾一度居於這樣的地位。

正如我們所指出的那樣，凡事都有例外，這種類型的長子也是如此。我們可以透過一個案例來對此進行說明。在這個案例中，有一個兒童一直以來都得不到人們的重視。自從他的妹妹出生之後，這個長子的角色就開始蒙上悲劇的色彩。就算拋開這個事實本身，我們往往也能夠從對這個手足無措、徹底心灰意冷的長子的描述中瞭解到，造成長子困擾的原因與他那年幼而聰慧的妹妹有關。這種情況的頻繁發生並非出於偶然，它可以得到完全合理的解釋。我們知道，在當今的文化中，普遍認為男人比女人更重要。因此長子常會得到家長的過分寵愛，父母對他寄予厚望。他一直都處於非常有利的環境中，直到有一天他的妹妹突然誕生了。妹妹闖入了之前由她被寵壞的哥哥所掌控的世界。在她的哥哥看來，她就是一個可惡的入侵者，需要他與之奮力抗爭。妹妹的這種處境激勵她加倍努力、奮發圖強，而且只要她還吃得消，這種激勵會對她的一生產生影響。這個妹妹會取得快速的進步，這種快速進步會使她的哥哥感到懼怕，因為這對男人優越性的神話構成了威脅。他感到不安全、不踏實。而且人類的發育遵循這樣一個規律，女孩在十四~十六歲期間一般都會比男孩發育得快。於是，哥哥的不安全感可能讓他徹底喪失信心和勇氣。他很容易變得自暴自棄，安於現狀。他會千方百計地為自己尋找各種合理的藉口，或為自己設置障礙，以此來掩蓋自己放棄努力的事實。

這種類型的長子經常會感到舉足無措，缺乏自信，莫名奇妙地懶惰，或神經兮兮，其原因在於他們感到自己的能力不足以和妹妹競爭。在我們的生活中，這種類型的長子也是很常見的。他們對女人有一種令人難以置信的憎恨。很少有人能理解他們的處境，也很少有人對他們的處境作出合理的解釋，因此他們往往有著悲慘的命運。在某些情況下，長子的情況可能會更糟，他們的父母和其他家庭成員甚至都會發出這樣的抱怨：「為什麼情況會是這樣呢？為什麼男孩不是女的，而女孩不是男的？」

在眾多姐妹中生活的唯一的男孩同樣也擁有與上述類似的性格特徵。要想在女多男少的家庭中形成一種女性主導的氣氛是十分困難的。家庭中這個唯一的男孩或是受到所有女人的寵愛，或是遭到家庭中所有女人的反對和排斥。所以，在兩種情況下的男孩有著截然不同的發展路徑。但是，在他們的性格當中還是會存在相同的成分。我們知道，有一種普遍的觀點認為，不應該只由女人來撫養和教育一個男孩。然而，對這句話的理解我們不能僅停留在字面上，因為每一個男孩一開始都是由女人來撫養的。這句話真正的含義在於，男孩不能只在女人較多的環境中成長。這個觀點並不是對女性持有反對的態度，而是反對那些產生於這種環境中的誤解和偏見。這對僅在男性的環境中成長的女孩也是一樣的。那些在男性中成長的女孩往往也會受到男性的歧視，促使這個女孩對男孩的行為進行模仿，這會對她以後的生活造成不利的影響。

一個人無論多麼寬容，他都不可能贊同這樣的觀點，即應該像教育男孩那樣來教育女孩。這種做法在短時間內還不會產生太大的影響，但是，用不了多久就會出現難以避免的特定差異。由於其不同的身體構造，男人將在生活中扮演不同的角色。在職業選擇上，身體構造也會產生一定的影響。有些女性對自己的性別感到不滿意，對於那些為女人而設的職業和從業要求，她們感到難以適應。對於將來的婚姻和家庭生活，女人的角色教育自然與男人的角色教育有所不同。那些不滿意自己性別的女孩通常對婚姻持有反抗的態度，認為自己的尊嚴會因此而受損。就算她們結婚了，也會試圖處於支配地位。這些問題也會出現在那些被人們像教育女孩一樣教育成長起來的男孩身上，他們會對我們當代的文化和這種文化對他們的期待感到很不適應。

在對這些問題進行思考的時候，大家要記住，一個人通常會在四～五歲的時候就形成了自己的生活風格。一定要在這段時間內培養他們的社會情感和必要的社會適應能力。一個人對於世界的觀念通常在五歲左右的時候就已經確定並固定下來了，並在今後朝著大致相同的方向發展；他對外在世界的感知一般不會發生變化；他會受自己原有觀念的束縛，並不斷地重複他原有的心理機制和從這種心理機制中產生的行為。一個人自身的精神視野會限制他的社會情感。

ADLER

第八章

兒童的心理處境與矯正

大家都知道，孩子的發展與他們對自己在環境中所處位置的無意識的理解是一致的。此外，長子、次子和么子有著不同的發展過程，而這種發展同樣符合他們在家庭中所處的位置。可以將孩子早期的處境看作對其性格發展的一種磨煉和鍛造。

大家都知道，孩子的發展與他們對自己在環境中所處位置的無意識的理解是一致的。此外，長子、次子和么子有著不同的發展過程，而這種發展同樣符合他們在家庭中所處的位置。可以將孩子早期的處境看作對其性格發展的一種磨煉和鍛造。

對兒童的教育不能過早地開始。隨著孩子慢慢長大，他自己會形成一定的規則或程序，以此來指導他的行為並據此對不同情境作出反應。如果孩子很年幼，我們只能看到他指導未來行為模式的端倪。經過幾年這樣的練習以後，這種行為模式就會逐漸形成並透過不斷強化而固定下來。孩子的行為並非客觀的反應，而是在很大程度上受到他對自己早期經驗的無意識的理解的影響。他對某一情景一旦產生錯誤理解，這種錯誤的理解和判斷就會對他的行為產生決定性的作用。只要這種在童年時期形成的原始看法沒有被矯正的話，那麼無論多少邏輯或常識都不會使他後來的成人行為改變。

在兒童的成長過程中總會有一些主觀和獨特的東西。教育者必須要瞭解兒童獨特的個性，不能用千篇一律的法則來教育兒童。這也是對不同兒童運用相同的法則進行教育卻會取得不同效果的原因。

另一方面，當我們看到兒童用幾乎同樣的方式對相同的情景作出反應時，我們不要認為其中發揮作用的是自然法則；實際上，當他們對情景的理解和認識不夠深入時，就可能會作出相同的反應、犯相同的錯誤。通常認為，當一個家庭有孩子降生時，之前出生的孩子就會產生嫉妒心理。對於這種說法，人們反駁道：「一方面有例外的情況存在，另一方面，如果我們能讓孩子對弟弟或妹妹的出生有一個正確的認識，他們就不會產生這種嫉妒的心理。」在這方面有錯誤行為和錯誤觀念的兒童就像一個遊客站在山腳的小道之前，不知道該何去何從。然而，他最終找到正確的道路並順利到達目的地，卻聽到有人驚奇地說：「幾乎每一個徘徊在這條小道上的人都迷失了方向。」那些會做出錯誤行為的兒童經常會在這條充滿誘惑的小路上徘徊。這些路看起來似乎很容易穿過，所以這些兒童才被引誘。

此外，還有許多情境也會對孩子的性格產生難以估量的影響。我們經常可以看到家庭中的兩個孩子一個好一個壞。只要對此稍加研究，我們就可以發現那個壞孩子對優越感有著過分強烈的追求，他希望能控制所有的人，並盡力對周圍的環境施加影響。家裏到處都可以聽到他的叫喊聲。而與此相反，另一個孩子一般會比較安靜、謙遜並成為家裏的寵兒和那個壞孩子學習的榜樣。一般來說，父母很難理解在同一家庭中出現的這種差異。我們經過調查得知，那個好孩子發現可以憑藉優異的行為得到更多的認可，並使自己在與壞孩子的競爭中取得勝利。很明顯，當這種性質的競爭出現在這兩個孩子之間時，那個壞孩子就不會再對以更好的行為來超越這個好孩子抱有希望，於是，他便選擇了背道而馳，也就是千方百計地調皮搗蛋。經驗顯示，這種淘氣的孩子有可能會變得比其他的兄弟姐妹更好。同時，經驗也告訴我們，過於強烈地追求優越感會使他朝著某個極端的方向不斷努力。在學校中我們就可以看到這樣的情況。

我們不能因為這兩個孩子在相同的條件下成長，就做出他們會完全相同的預言。對任何兩個兒童來說，他們的成長條件都是不同的。擁有良好性格的兒童在成長過程中也會受到不良兒童的巨大影響。事實上，有很多兒童一開始都表現得很好，後來卻變成了問題兒童。

這裏有一個案例，是關於一個十七歲女孩的。這個女孩在十歲前一直都表現得很優秀。她有個哥哥，比她年長十一歲。她哥哥得到了家長們過分的溺愛，因為他十一年來一直都是家中唯一的孩子。當女孩出生時，這個男孩並沒有對她心生嫉妒，然而，他卻依然如故，繼續著他那被寵壞的行為。當這個女孩長到十歲的時候，他的哥哥經常很長時間都不在家。於是，這個女孩變得越來越像家裏的獨生女了；受到這種位置的影響，她開始變得我行我素起來。她家境富裕，因而她的要求很容易得到滿足。然而，隨著她不斷長大，她的要求不可能全部被滿足。於是，她開始表現出不滿和失望的情緒。她開始利用家庭的信用去四處借錢，很快就欠下了一筆債務。也就是說，她開始試圖用另一種方法來滿足自己的要求。當她的要求遭到母親的拒絕時，她就把過去良好的行為拋到九霄雲外，還大哭大鬧，最終變成一個令人討厭的孩子。

對於孩子應該給予鼓勵與支持，增加其信心，而不是一味的貶低與攻擊。圖中的兒童遭到同伴的嘲笑從猶豫不決到最後的跳入水中，雖然他被激跳入水中，但也無法一下就改變怯弱的性格，反而因此差點送命。教育孩子還是需要循序漸進。

我們可以從這個案例和其他類似的案例中得出一個一般性的結論，即一個兒童為了滿足自己對優越感的渴求可能只會利用良好的行為，所以我們還不能確信，當情況發生變化時，他能否保持這種良好行為。本書附錄一中的心理問卷可以為我們展現一幅關於兒童的活動及他與周圍環境和人的關係的完整畫面。他的生活風格總會在某些方面體現出來，而且如果我們在透過心理問卷所獲得的資訊的幫助下，對這個兒童進行深入研究，我們可以發現，這個孩子所具有的感情、性格特徵和生活風格都是為了一個相同的目的：獲得一種優越感，提高自己的價值感並使自己在周圍的世界裏中獲得一定的聲望。

在學校裏，我們經常能遇到這種類型的兒童，他們看起來似乎與我們這裏所做的描述是矛盾的：這樣的孩子懶惰、邋遢、性格內向，對知識和批評漠不關心，他們沉浸在幻想的世界中，沒有表現出一點對優越感的追求。如果我們的經驗非常豐富，我們就能看出，這種方式雖然荒唐，讓人無法理解，但也是一種追求優越感的形式。這種類型的孩子認為自己不能用正常的途徑取得成功，於是他會盡力逃避一切可以使自己得到改善和提高的手段和機會。他會把自己封閉起來，給人留下一種堅強的印象。這種堅強並不能構成他的全部人格；在這種堅強的背後通常隱藏著一顆極度敏感和脆弱的心靈，為了免受傷害和痛苦，他要給人一種堅強和冷漠的印象。他讓自己躲在盔甲的保護之中，這樣無論什麼東西都不能靠近、觸動甚至傷害到他。

如果我們可以找到讓這種孩子開口說話的方法，我們就會發現，他們總是對自己過於專注，每天都沉溺在白日夢和虛無縹緲的幻想之中，並總是把自己想像成偉大的人物，或是取得了非凡的成就。在這些夢裏，我們絲毫看不到現實的影子。在夢中，他們要麼是無視一切的英雄，要麼是手握生殺大權的君主，要麼是挽救人們於水火的烈士。我們經常可以看到有些兒童不僅在夢境之中，而且還會在現實行動之中扮演救世主的角色。我們有理由相信，當他人處於危難之中的時候，這些兒童會捨身相救。那些在夢境之中把自己想像成救世主的兒童，也會在現實中訓練自己扮演這樣的角色，而且，如果他們的自信還沒有徹底喪失，一旦出現這樣的機會，他們就會試圖扮演這種角色。

某些白日夢會反覆地上演。在奧地利君主時期，有許多孩子都有過這樣的幻想，有一天由他們拯救國王或王子於危難之中。父母自然不知道他們的孩子腦海中總是縈繞著這種念頭。我們可以看到的是，那些經常沉浸在白日夢之中的人無法適應現實，也無法讓自己成為有用的人。在這種情況下，現實和幻想之間存在著無法逾越的鴻溝。也有些孩子採取比較中庸的辦法，他們一方面繼續沉迷於白日夢，另一方面也試圖去適應現實。有些孩子則不會為適應現實作出任何努力，他們越來越脫離於現實生活，並沉醉於自己一手構築的幻想世界中不能自拔。當然，也有些兒童對幻想的世界根本一點都不感興趣，他們只是專注於現實，就算是閱讀，他們也只會選擇旅行、狩獵和歷史等方面的書籍。

毋庸置疑，一個孩子不僅要有一定的想像能力，同時還要有意願去適應現實。然而，我們要記住的是，孩子會用不同於成人的方式來看待問題，在他們的世界裏，世界似乎可以劃分為兩個對立的部分。要想對兒童有深入的理解，我們就必須牢記這樣一個至關重要的事實，即兒童有一種把世界劃分為對立的兩個部分的強烈傾向（上或下，都好或都壞，聰明或愚蠢，優越或自卑，全有或全無）。其實這種對立的認知方式在某些成年人身上也會有所體現。我們都知道，一個人很難擺脫這種認知方式；例如，我們會把冷和熱看作是對立的，但從科學知識的角度來看，冷和熱的區別只是溫度上存在差異而已。通常情況下，這種對立的認知方式不僅可以在兒童那裏找到，此外，在哲學思考的初級階段我們也可以發現這種思考方式。例如，這種思考方式曾一度在古希臘哲學中居於支配地位。而且幾乎所有的業餘哲學家甚至在今天還以對立的方式來做出價值判斷。有些人還確定了一些性質完全對立的程序，比如生—死，上—下，男—女等。顯而易見，今天兒童的認知方式非常類似於古代哲學的思考方式。我們有理由相信，那些習慣於把世界分為相互對立的兩個部分的成人，其思考方式仍然保留著兒童時期的特點。

那些以這種對立的或非此即彼的認知方式為基礎來生活的人，我們可以用這樣一句話來形容他們的思考，那就是「或者全有，或者全無」。當然，不可能在這個世界上實現這種「全有或全無」的理想。然而，也會有許多人按照這種思考去安排自己的生活。或者全部擁有，或者什麼都沒有——這是不可能實現的。實際上，在這兩個極端之間還存在著許許多多中間的過渡狀態。我們發現那些用這種方式進行思考的人，特別是兒童，一方面在強烈的自卑感中掙扎，另一方面卻發展出過分的野心作為補償。歷史上這種例子並不少見，如凱撒在謀取王位的時候就遭到了他朋友的殺害。在兒童身上存在的很多怪癖性格，例如偏激、固執都可以在這種「全有或全無」的認知方式中找到根源。這種特徵在兒童的生活中非常普遍。我們甚至可以得出這樣的結論：這種兒童通常都形成了一種個體的哲學或與常識背道而馳的個體理智。我們可以以一個極其偏執和固執的四歲女孩為例來對這種情況進行說明。有一天，小女孩的母親給她一個柳丁，她接到柳丁之後卻把它扔在了地上，並且說道：「無論你給我什麼，我都不會喜歡的。我喜歡的東西，我會自己去拿！」

當然，這些懶惰、邋遢的兒童「擁有全部」的可能性很小，因此他們便會退入到「全無」的白日夢和虛無縹緲的幻想之中。然而，據此得出這種孩子已無可救藥的結論，還為時尚早。我們知道，過分敏感的孩子不具備適應和調試能力，他們很快會從現實中抽離出來，躲進自己所建構的虛擬世界中，因為幻想能在一定程度上給他們提供保護。對於作家和藝術家來說，與現實保持一定的距離是非常必要的，對於科學家來說也同樣如此，因為科學家也需要具備良好的想像能力。不切實際的幻想不過是對生活中的不快和可能會遭受的失敗的一種逃避罷了。我們要記住，人類的領袖正是那些擁有超凡的想像力且能把想像和現實結合在一起的人。他們能夠成為人類的領袖的原因，不僅在於他們接受了較好的學校教育，擁有敏銳的洞察力，而且還在於他們在面對困難時具有克服困難的意識和勇氣。從眾多偉人的生平事蹟中我們可以看到，他們的勇氣就足以使他們具有非凡的能力來應付周圍的世界，所以，當條件變得有利時，他們的勇氣就足以讓他們直面現實，奮發圖強，並最終成就一番偉業。需要指出的是，並不是每個人都能成為偉人，而且怎樣把兒童培養成偉人也是無跡可尋的。但是，我們應該牢記的是，我們在對待兒童時一定不要粗暴、魯莽，而應該不斷給他們鼓勵，不斷地向他們解釋現實生活的意義，從而不斷縮小他們的想像和現實世界之間的距離。

ADLEI

第九章

作爲準備性測試的新環境

我們對新環境進行研究的原因在於它是使兒童發生轉變的因素，它將兒童在對新環境準備方面的缺失和不足體現了出來。我們可以把每一個新環境看作對兒童準備性的測試。

個體的心理生活是個不可分割的統一體，個體人格的所有表現無論從橫向還是縱向上都是密切相關、前後一致的。人格在時間軸上是連續展開的，不會出現突然的跳躍。現在和未來的行為總是以過去的性格為基礎的，兩者也是相一致的。但這絕不意味著，一個個體在一生中的行為都會機械地由過去和遺傳來決定。但是，這也不意味著個體的未來和過去是完全割裂開來的。我們不可能瞬間擺脫原來自我的影子，而成為另一個完全不同的人，雖然我們可能從來也不知道自我到底是什麼樣子。換句話說，直到我們的能力和天賦表現出來的時候，我們對我們全部的潛能也沒有一個清晰的認識。

正是由於人格的發展具有某種連續性（這絕非機械決定論），教育並改善個體的人格，並對兒童在某一時刻的性格發展狀況進行檢測才成為可能。如果一個個體處於一種全新的環境之中，他就會將處於隱藏狀態的性格表現出來。所以，如果我們能直接對個體進行試驗，我們就可以讓他們進入一個全新的環境之中，以此來觀察他們的人格發展水準。他們在新環境中的行為必定符合他們過去的性格。

對兒童來說，我們通常可能會在他處於轉變期如上學或家庭突然發生變故時發現他的性格。在這種轉變的過程中可以清晰地看到兒童性格的局限，就像一張被放進沖洗液的底片一樣顯現出清晰的圖像。

我們曾經對一個被收養的孩子進行過一段時間的觀察。他性格暴躁，行為讓人無法理解，很叛逆，不服管教，難以矯治。對我們的提問，他總是不理不睬，或自言自語，與我們的問題毫不相干。在對這個孩子的整體情況進行瞭解之後，我們可以得出這樣的結論，這個孩子雖然已經和養父母相處了好幾個月的時間，但他對他們仍然是一種敵對的態度，他很不喜歡養父母的家。

在這個新的環境中我們只能得到這樣的結論。這對養父母卻並不理解，認為自己對待孩子很好。事實上，在這之前，沒有人這麼好地對待過他。然而，問題的關鍵並不在於是否有善待的舉動。我們經常聽到這對父母說：「我們想盡一切辦法，軟硬兼施，但一點作用都沒有。」僅僅對孩子好是不夠的。儘管許多孩子會對父母的善意作出回應，但是，我們不能因此就認為他們發生了改變。在孩子看來，這種善待或許只是暫時的，他們的處境並沒有發生根本性的改變，一旦得不到這種善待了，他們馬上就會回到以前的環境中去。

在這種情況下，理解這個孩子的感覺是非常關鍵的，也就是弄明白他是如何感受的，而不是他對父母的想法如何。我們告訴這對養父母，這個孩子並不能在他們這裏感到幸福。對於這個孩子不幸福是否具有合理性我們也不得而知，然而，這中間肯定發生過什麼，才導致他抱有這麼大的敵意。我們向這對父母指出，假如他們覺得不能矯正這個孩子的錯誤，不能得到他的愛，那麼他們將被迫把他交給他人收養，因為這個孩子會不斷反抗那些被他視為囚禁的做法。後來，我們聽說這個男孩變得越來越暴躁，儼然成為了一個危險人物。如果得到友善對待的話，他的情況就會稍有好轉。然而，這樣做還遠遠不夠，因為還沒有弄清楚導致孩子出現這種情況的根源。隨著我們不斷地收集更多資訊，我們找到了其中的原因。我們認為，由於這個被收養的孩子和養父母自己的孩子生活在一起，所以，在他心目中，養父母無疑會把更多的心思用在關心、愛護自己的孩子上。這應該不是孩子脾氣暴躁的原因，要知道，這個孩子是不願意繼續在養父母家生活的。所以，只要能幫助他實現這一願望和目的的行為在他看來都是正確的。從他為自己設置的目標（離開養父母家）出發，我們可以看出他的所作所為是非常明智的，因此我們應該放棄關於他的頭腦可能不健全的任何猜測。一段時間之後，這對養父母才知道，如果無法改變這個孩子的行為，他們就得將他交給他人來撫養。

如果我們懲罰孩子的錯誤行為，那麼，這種懲罰就會成為他繼續反抗的絕佳理由。懲罰使「反抗有理」這種感覺得到了強化，我們的觀點並不是無據可循的。

我們認為，可以把所有兒童的錯誤行為理解為他與環境互動的結果，是他們對沒有預料的新環境所作出的反應。雖然這種錯誤十分幼稚，但我們也無需為此大驚小怪，因為這種幼稚的表現同樣也存在於成人的生活中。

幾乎還沒有人研究過各種舉止和不明顯的身體語言所蘊含的深刻含義。在這方面教師也許具有天然的優勢，他們可以把孩子的這些表現形式歸結為一種圖式，並研究它們之間的相互關係及其根源。我們一定要記住，在不同的情況下，同一種表現形式會具有不同的意義：兩個孩子的行為舉止即使是相同的，其意義也並不一樣。除此之外，問題兒童雖然具有相同的心理感受，但其表現形式卻是各式各樣的。其原因在於，可以透過多種方式來達到同一個目的。

我們不能依據我們的常識來判斷這些行為的對錯。如果一個兒童的行為產生了錯誤，其原因往往是他為自己設置了錯誤的目標。所以，追求錯誤的目標難免會導致錯誤的行為結果。人儘管有數不清的犯錯誤的可能性，但真理卻是唯一的，這也正表現了人性的奇特之處。

兒童的有些表現並未被人們所關注，但它們卻具有非常重要的意義，例如，兒童睡覺時的姿勢。這裏我們舉一個有趣的例子。一個十五歲的男孩曾因為這樣的幻覺而深受困擾：當時的皇帝佛蘭西斯・約瑟夫死了，他的鬼魂來到這個男孩面前，要求這個男孩組織一支軍隊向俄羅斯進軍。我們在深夜走入他的臥室，發現他的睡姿就好像拿破崙指揮若定的樣子。第二天我們見到他的時候，發現他的姿勢仍然與夜間軍人的姿勢十分相似。從中可以看出，在他的幻覺和清醒狀態之間有著非常密切的關聯。我們和他聊天，並試圖使他相信皇帝依然健在。他對此卻不願意承認。我們瞭解到，他在咖啡館做服務生的時候，別人總因為他身材矮小而嘲笑他。我們問他是不是有人和他採用相似的走路姿勢，經過片刻的思考之後他回答說：「我的老師，麥爾先生。」由此看來，我們的猜測並沒有錯，如果我們將這個麥爾先生想像成為另一個小拿破崙，我們的問題就很容易解決了。還有一點至關重要，那就是這個男孩向我們透露，他的理想是成為一名教師。他很喜歡他的老師麥爾先生，並會模仿他的一言一行。總而言之，這個姿勢濃縮了這個男孩的全部生活。新環境可以測試出兒童準備性如何。如果兒童做好了充分的準備，他就會信心滿滿地投入到新的環境中去。如果他對新環境準備不足，他就會感到無所適從，進而認為自己無能並產生一種自卑感。這種自卑感會使兒童的判斷力發生扭曲，並使他在新的環境中作出不真實的反應，即這種反應並不符合環境的要求。也就是說，造成兒童在學校失敗的原因，不僅僅是學校教育體系的無效，還有兒童準備上的缺失和不充分。

我們對新環境進行研究的原因在於它是使兒童發生轉變的因素，它將兒童在對新環境準備方面的缺失和不足體現了出來。我們可以把每一個新環境看作對兒童準備性的測試。

根據上述情況，這裏再討論一下附錄一中的問卷。

一、導致問題產生的原因是什麼時候出現的？如果一個母親說他的孩子在入學之前一直都表現得很好，那麼，她告訴我們的要多於她實際所理解的。換句話說，孩子對學校的生活很不適應。假如這個母親的回答是「過去三年來這個孩子表現得一直都不怎麼好」，那麼這依然是一個不充分的回答。我們必須要瞭解三年前孩子的身體或其所處的環境發生了哪些變化。

孩子喪失自信的通常表現是不能適應學校生活。孩子在一開始所遭受的失敗通常並不會得到人們足夠的重視，然而，它對孩子來說可能是個致命的打擊。我們要清楚，如果孩子學習成績不好，他是否經常因此遭到責罵，這種低分和責罵對於他追求優越感會產生什麼影響。這個孩子也許會認為自己沒用而自暴自棄。尤其是當父母也習慣對他說「你什麼事情都辦不成」或「你註定會在監獄裏結束一生」時，孩子更是認為自己一無是處。

有些孩子在遭受失敗後反而大受鼓舞；而有些孩子則會從此一蹶不振，必須對這種因失敗而灰心喪氣的孩子不斷進行鼓舞和激勵，對於他們要溫柔，耐心和寬容。

二、在問題出現之前是否出現過一些明顯的跡象？或者說，在環境變化之前兒童準備性的缺失是否出現過一些跡象？對於這個問題，我們得到的答案是多種多樣的。「這孩子太邋遢」，這就表示他的一切都是由母親來幫忙整理的。「他總是十分膽怯」，這說明他對家庭有很深的依戀。如果可以把一個孩子形容為孱弱，那麼我們猜測可能他生來就有生理問題，或由於身體虛弱而受到過分溺愛，或因為其貌不揚而不被重視。存在這個問題也可能意味著小孩由於身體發育的緩慢而被懷疑患有輕微的智能障礙。即使這孩子後來的情況有所好轉，他也仍然會感覺到被過分保護和被限制。這種感覺會成為他適應新環境的過程中的一種困難。如果這是一個膽怯粗心的孩子，那麼我們可以相信，他會這樣是為了尋求和確保別人對他的關注。

如果這個孩子表現得非常笨拙，教師就一定要瞭解他是否對自己的性別角色有一個清醒的認識。成長於女性環境之中的男孩會儘量避免和其他男孩交往，並會受到其他男孩的嘲笑和愚弄，也經常被當作女孩子來對待。他們自己對女性的角色已經很習慣了，並會在後來歷經非常激烈的心理衝突。由於這些孩子忽視了男女性別器官的差異，因此這些孩子會認為性別是可以改變的。然而事實上，他們最終會發現根本無法改變他們的身體構造，所以他們就會形成他們嚮往的那種性別的心理傾向（男孩有女孩心理，女孩有男孩心理）並以此作為一種補償。這些心理傾向會在他們的穿著打扮和行為舉止上有所體現。

有些女孩非常討厭女性職業。這主要是因為這些工作在她們看來不具備任何價值。這無疑是我們的文化中存有的基本錯誤的一種體現。對於有些職業，男人擁有特權，他們排斥女性，甚至在今天這種傳統仍然存在。我們的文明明顯對男性有利。男孩的出生往往比女孩更受歡迎。這對男孩和女孩的影響都是有害的。女孩用不了多久就會受到自卑感的困擾，而男孩則在過高的期望下承受過多的心理壓力。女孩的發展會受到某些限制，儘管有些國家不再有明顯的對女孩的限制。然而，就算在美國，男性和女性在社會關係方面也沒有達到真正的平等。

大部分孩子都會做白日夢，他們因為現實生活中太過壓抑，於是就在夢中為自己塑造高大的形象。過於專注的兒童常會分不清現實與夢境，孩子有想像力是好的，但是需要成人在一旁引導孩子的運用。

我們這裏所關注的是在兒童身上所反映出來的人類整體精神。接受女性角色難免要面對重重困難，所以也經常招致反抗。這種反抗常見的表現形式是不服管教、固執倔強和懶惰倦怠，這都與追求優越感的心理有關。當這種跡象出現在女孩子身上時，教師一定要弄清楚她是不是對自己的性別感到不滿。

這種對自身性別的不滿會向其他方面擴展，這樣一來，生活對他們來說往往會變成一種負擔。有時候，我們會聽到孩子說想去一個不分性別的星球生活。這樣的錯誤觀念可能會導致各種荒謬行徑，甚至會造成完全的冷漠、犯罪和自殺。對具有這種思想的孩子缺乏同情或加以懲罰，只會適得其反，讓孩子的這種欠缺感或不充分感不斷加重。

如果能審慎而自然地教育這個小孩，讓他認識男女之間的差異，認可男女具有同等價值，就可以避免這種不幸發生。多數父親在家庭中處於優勢地位，他擁有財產，制定規則並向妻子解釋規則，他領導自己的妻子並擁有最終決定權。家中的男孩也試圖在他們的姐妹面前顯示自己性別的優越，並嘲諷、批評她們，以此讓她們對自己的性別產生不滿情緒。心理學家瞭解到，男孩的這種行為通常來源於他們自身的一種虛弱感。能做什麼和或許能做什麼之間存在著巨大的差異。那些認為女人直到今天也沒能做出偉大成就的觀點是毫無價值的。時至今日，也沒有哪個女人被教育和教導去創造偉大的功業。男人總是把日常生活的瑣碎事物交到女人手裏，並試圖使她們相信這就是她們的本職工作。儘管這種情況在一定程度上已經發生了改變，但直到今天，在我們對女孩所進行的教育中，也沒有表現出我們對她們寄予了厚望。

一方面，我們並沒有為女孩提供做出非凡業績的準備性，有時候甚至還會對此加以阻礙；然而另一方面，我們卻因她們成就低微而對她們大加批評。這是一種短淺的目光，並未看到其中的因果關係。要改變目前這種狀況並不是一件容易的事情，因為不僅僅是父親，就連母親也理所當然地認為男性具有某種天生的優越性。不僅如此，她們還把這種觀念灌輸給自己的孩子。她們對自己的孩子說，男性的權威是毋庸置疑的，男孩可以要求女孩順從，而女孩也應當順從。要讓孩子盡可能早地知道自己的性別，知道他們的性別是無法改變的這一事實。就像我們前面所說的，有些女孩會形成對男性權威和優越感的憎恨。如果這種憎恨過於強烈，女孩就不能接受自己的性別並盡可能地模仿男性。在個體心理學中，這種現象稱為「對男性的抗議」。男女發育畸形或發育不全等第二性徵出現的問題也會使他們在長大之後完全按照解剖學上的男女體質特徵對自己的性別產生懷疑（女孩身上呈現出男性特徵，男孩身上呈現出女性特徵）。這種懷疑通常與其虛弱的體質有著不可分割的關聯。與女性相比，身體構造稚嫩、發育不全等狀況在男性身上表現得更為明顯。如果在男性身上出現這種狀況，他就會被認為具有女性特徵。這種看法是錯誤的，因為這個男人實際上可能更像一個小男孩。身體發育不全的男人常常會感到一種痛苦的自卑，因為在我們的文明中，理想的男性形象是身材魁梧、成就卓越、超越女性的。同樣，一個發育不全或不夠美麗的女孩也經常會厭惡面對生活中的問題，因為我們的文明過於強調女性的美麗。

一般都把性情、脾氣和情感看作人的第三性徵。人們通常會認為敏感的男孩像女性；而把從容、自信的女孩形容為像男性。這些特徵絕不是內在的、與生俱來的，而是在後天的環境中習得的。具有這些特徵的人在回憶時，都會說他們在童年時就是這樣，他們在長大後也覺得自己童年時就表現得十分古怪、另類，行為舉止與女孩（或男孩）很相似。後來，他們按照自己對性別角色的不同理解而長大成人。問卷中接下來的一個問題是孩子的性發育和性經驗達到了什麼程度。這就意味著在一定的年齡階段，讓孩子對性有一定程度的瞭解是可以的。應該說，並沒有一個統一的規則來規定父母和教育者們怎樣向孩子解釋與性有關的事，因為一個孩子會在多大程度上相信並接受這種解釋是無法預知的，同時這種解釋會對他將來產生什麼樣的影響我們也不得而知。一旦孩子提出與這方面相關的問題，在我們向他們做出解釋之前，應充分考慮這個孩子當時的實際情況。我們不提倡過早地向孩子解釋這方面的問題，雖然這並不一定會產生不好的結果。

問卷中還有一些問題涉及收養和過繼的孩子，這也是比較棘手的。這樣的孩子一般會認為良好的對待是理所應當的，一切苛刻、嚴厲的對待都是由他們在家庭中的獨特地位造成的。一個失去母親的孩子一般會對自己的父親十分依賴。當一段時間以後父親再婚時，這個孩子就會有一種被拋棄的感覺，他完全不能和繼母友好相處。有意思的是，甚至在某些孩子的眼中，他們自己的親生父母被看做繼父繼母，這種態度中包含著對親生父母的不滿和抱怨。在許多童話中，繼父繼母都被描述為性格歹毒的角色，他們因此而聲名狼藉。這裏順便要指出，兒童的最佳讀物並不是這些童話故事。當然，並不可能完全禁止孩子們讀這類書籍，因為孩子可以從中瞭解很多有關人性方面的知識。然而，在這些童話故事讀物中應該附上恰當的評論，不應該讓他們閱讀那些描寫暴力場面和扭曲幻想的童話故事。有時候為了使兒童克服溫柔的情感而變得堅強粗獷，人們會借用那些有關強者做出殘忍行為的童話故事來鍛煉兒童。這又是一個源自英雄崇拜的錯誤做法。男孩子認為表示同情就會顯得自己缺乏男子氣概。如果不濫用或者誤用溫柔的情感，那麼這種情感無疑是很有價值的。當然，每一種情感都有被誤用和濫用的可能性。

私生子有著最為艱難的處境。其實，「女人和孩子承受這種沉重的負擔而男人卻逍遙自在」的說法是有失公道的。這其中受到傷害最多的無疑是孩子。無論人們試圖採取什麼樣的方式來幫助這樣的孩子，都不可能消除他們的痛苦，因為他們很快根據常識判斷，他們的所有遭遇是不正常的。私生子會受到同伴或他人的嘲笑、譏諷，國家法律使他們陷入艱難的處境之中，社會道德為他們烙上私生子的烙印。他們因此變得異常敏感，易於與人發生衝突，對周圍世界充滿了敵對情緒，因為在每一種語言中都能夠找到一些醜陋的、帶有侮辱性和鄙視的字眼來形容他們。這就很容易讓人理解問題兒童和罪犯之中有如此多孤兒和私生子的原因了。孤兒和私生子並不是天生就具有反社會的傾向，這是環境影響造成的結果。

第十章

孩子在學校的表現

我們通常都沒有孩子在進入幼稚園和小學時心理準備情況的記錄，但是，這種記錄（如果有的話）對解釋孩子成年以後的行爲來說，是很有幫助的。與一般的學校成績相比，這種「新環境的測試」當然更能揭示出這些孩子的眞實情況。

如上所述，當一個孩子跨入學校的大門時，學校對他來說就是一個全新的環境。和其他所有的新環境一樣，學校也可以視為對兒童事前準備性的一種測試。如果他經過了充分的準備，他就能順利透過這種測試。反之，如果他缺乏必要的準備，他就會暴露出這方面的不足。

當一個孩子走入校門之後，學校會對他提出什麼要求呢？他需要和教師、同學們進行配合，同時還要培養對各種學科的興趣。依據孩子在學校這個新環境中的表現，我們可以判斷出他的合作能力和興趣愛好，他感興趣的學科，以及他是否願意聽別人講話、是否對周圍的一切都有興趣。要確定這些方面的情況，我們需要對兒童的態度、行為舉止、神情和傾聽別人說話的方式進行研究，同時還需要瞭解他是否以友好的方式接近老師，還是對老師避而遠之等等。

我們仍然用一個案例來說明這些細節是怎樣對人的心理發展產生影響的。一個男性病人由於在職業上受到許多問題的困擾，便找到了心理學家。心理學家從他對童年的回憶中瞭解到，他是家庭中唯一的男孩，圍繞在他身邊的是一群姐妹。他出生沒過多久父母就不幸去世了。到了該上學的年齡時，他感到很迷茫，不知道自己是到女子學校還是到男子學校就讀。後來在他姐妹的勸說下，他選擇了去女子學校讀書。然而，學校沒過多久就把他勸退了。可想而知，這件事給他的心理造成了多大的影響。

學生對教師的興趣在很大程度上決定著他是否專注於自己的學業。教師教學藝術的一個重要的組成部分就是促使並保持學生對學業的專注，並觀察學生是否專注或是否能夠專注。那些在家裏受到過分溺愛的孩子，一般都會被學校中如此之多的生面孔嚇壞，因此他們並不能專注於自己的學業。假如教師對他們稍微嚴厲一些，這些孩子就會表現出似乎缺乏記憶力。然而，這種記憶力的缺乏並不像我們通常所認為的那樣，因為他們對無關乎學業的事情能過目不忘。他們完全能夠做到全神貫注，但這種情況只會出現在溺愛他們的家庭中。他們將所有的精力都集中在對溺愛的渴望上，而不是學校的學業上。

對這些不能適應學校生活、成績不佳的孩子加以批評責備是沒有用的。相反，批評和責備只能讓他們認為他們不適合上學，並以一種悲觀消極的態度來對待學業。

需要注意的是，這種孩子如果得到教師的寵愛，一般情況下他們都會成為好學生。如果能從學習中得到好處，他們自然就會加倍努力；然而遺憾的是，我們無法讓他們一直受到教師的寵愛。如果他們轉學或換了其他教師，或他們在某一學科（對於被溺愛的孩子來說，數學始終都是一門困難而危險的學科）上不能取得進步，他們就可能突然停滯不前。這種進步之所以不能持續下去，是因為別人使他們所要面對的每一件事情都變得容易了，他們對此已經習以為常。他們從未被訓練去奮發圖強，也不知道如何奮發圖強。他們沒有耐心也沒有毅力去克服困難、透過有意識的努力不斷進步。

那麼怎樣才是良好的入學準備呢？接下來我們就對這一問題進行討論。我們總是可以從孩子缺乏入學準備這件事上看到母親的影響。眾所周知，對孩子來講，母親是第一個喚醒他興趣的人，並在引導他把興趣轉入健康的管道方面發揮著至關重要的作用。假如母親沒有盡職盡責，這會明顯地體現在孩子在學校的表現上。除了母親的影響外，孩子還會受到其他一些複雜的家庭因素的影響，如父親的影響、孩子間的競爭等，這方面的內容我們將在其他章節進行分析。除此之外，還有一些外在影響因素，如較差的社會環境或偏見，我們將在隨後的章節詳細闡述這些因素。

概括地講，因為這些因素會對孩子的入學準備產生不良影響，所以，僅僅把孩子的學習成績（例如考試分數）作為評價和判斷一個孩子的標準是愚蠢的做法。相反，學校成績報告應該被我們當做兒童目前心理狀況的一種反映。這些成績報告不僅能反映他所取得的分數，還能反映出他的智力、興趣和專注能力等。學校考試和各種科學測試（例如智力測驗等）雖然以不同的結構和形式進行，但其實質並不存在差異。應該將這兩種測試的重點放在揭示兒童的心理上，而非記錄下一堆沒有實際意義的事實。

近些年，所謂的智力測驗取得了長足的發展。教師們對此也非常看重。沒錯，某些情況下這種測驗的確具有價值，因為它們所揭示出的東西不能以普通測驗來完成。這種測驗還曾經成為兒童的救星。如果一個孩子學習成績非常糟糕，教師也想讓他降級，而智力測驗的結果卻說明這孩子擁有很高的智商，這樣一來，這個孩子不僅沒有降級，反倒被允許跳了一級。他會為此得意洋洋，其行為也會發生很大改變。

我們的目的並不是要貶低智力測驗和智商的功效，我們只是說，如果要實施這種測驗，不應當讓被測驗的孩子及其父母得知測驗的結果，即智商是高是低。因為孩子及其父母對這種智力測驗的真正價值沒有一個恰當的理解。他們會將這種測驗結果作為一種對孩子最終的、完整的評定，認為孩子的最終命運也會由測驗結果來決定，而對孩子來說，他可能從此深受這種測驗結果的影響和制約。事實上，人們一直對這種把測驗結果絕對化的做法持批評的態度。我們要知道，在智力測驗中獲得高分並不能說明孩子未來就一定能夠取得成功，相反，有些在未來獲得成功的孩子在智力測驗中並未獲得較高的分數。

根據個體心理學家的經驗，如果孩子的智力測驗得分偏低，我們可以找到某些能提高他分數的方法。其中一個辦法就是讓孩子不斷研究這種類型的智力測驗，直到他們找到應試的竅門和需要做的準備。用這種做法可以讓孩子獲得進步，積累經驗，並在以後的測試中取得更好的成績。

此外還有一個重要的問題，那就是學校的日常教學會對學生產生怎樣的影響，沉重的課業負擔是否會讓孩子力不從心。我們提出這一問題並不是要貶低學校所設置的課程，也不認為應該減少這些數量繁多的科目。我們認為這些科目的連貫統一才是最重要的。因為這樣的話孩子對這些科目的目的和實際價值就會有所瞭解，也不會認為它們都是純粹抽象的理論。目前，對於是應該教育孩子學習知識，還是注意發展他們人格的問題，仍然眾說紛紜。從個體心理學角度來說，兩者其實是可以兼顧的。

各種學習課程的教學應該充滿趣味性，不能脫離實際生活。數學（包括算術和幾何）的教學應該與建築的風格和結構、在其中居住的人等結合起來。有時可以把一些科目結合在一起進行教授。有些相對進步的學校就有這樣的一些專家，他們知道如何把不同科目彼此結合起來進行教學。他們陪著孩子們散步，試圖發現他們更感興趣的科目。他們嘗試把某些科目結合在一起進行教學，例如，可以把對某一植物的教學和有關這一植物的歷史、所生長國家的氣候等內容結合起來教學。透過這種形式的教學，這些教學專家不僅使那些對這一學科並不感興趣的學生產生了興趣，而且還讓這些學生逐漸具有了以融會貫通的方法來處理事情的能力，這也正是一切教育所要達到的最終目標。

此外，還有一點需要引起教育者的注意，那就是所有在學校讀書的孩子都覺得自己處於一種激烈的競爭之中。對於這一點的重要性我們不難理解。理想的班級應該是一個不可分割的整體，每個學生都覺得自己是這個整體不可或缺的組成部分。教師應該對這種競爭和個人的野心有所控制並使其保持在一定的限度內。有的學生看到別人遙遙領先於自己就會很不高興，他們要麼竭盡全力地奮起直追，要麼心灰意冷，僅憑主觀感受來看待事物。這就是教師的建議和指導具有重要意義的原因所在。教師一句恰當的話語可能會讓一個醉心於競爭的學生走上與他人密切合作的道路。

制定適當的班級自治計畫會有助於加強學生們的合作精神。當然，我們不必等到學生對自治做了完善的準備才去制定這類計畫。我們可以先讓孩子注意觀察班裏的情況，或鼓勵他們提出各種建議。如果在缺乏相應準備的情況下就冒然讓學生實施完全的自治，我們就會發現，他們的懲罰措施往往比教師還要嚴格和嚴厲，為了給自己謀求好處和優越感，他們甚至還會運用政治手腕。

對兒童在學校獲得的進步進行評價時，我們既要考慮教師的意見，同時也不能忽視孩子的意見。有個事實非常有意思，那就是孩子在這方面具有良好的判斷力。他們更清楚拼寫得最好的是誰，畫畫最好的是誰，運動最好的是誰。他們可以很好地相互打分。有時候，他們未必能做到十分公正，然而，他們也能夠對這一點有所認識並盡可能保持公正。在評價方面存在的最大的問題就是學生有時候會妄自菲薄。在他們看來，「自己永遠都不如別人」。這就要求教師向他們指出這種自我評價方面的錯誤，否則，兒童們會始終這樣認為，難以改變。如果一個兒童有這樣的想法，那麼他不可能取得進步，而只會裹足不前。大部分孩子的學校成績一般不會有太大變化，他們或者最好，或者很差，或者處於平均水準。這種基本保持不變的狀況所反映的與其說是他們的智力發展水準，不如說是孩子心理態度的惰性。它說明兒童固步自封，不斷經過挫折之後便不再抱有希望了。然而，也有一些兒童的成績會不時出現很大的波動。這也是一個非常重要的事實，它表明兒童的智力發展狀況並不是一成不變的。學生們應該對這一點有所認識，同時教師也應該讓學生們懂得如何實際運用這個道理。

人們通常將智力正常的兒童之所以能取得很好的成績歸因於他們特殊的遺傳，這其實是一種錯誤的觀念，教師和學生都要摒棄這種觀念。認為人的能力是由遺傳獲得的或許是兒童教育中存在的一個最大的謬誤。當個體心理學首先指出這一點時，人們認為這並沒有科學依據，只不過是我們的一種主觀臆斷。然而，現在我們的這一觀點被越來越多的心理學家和病理學家所認可。能力來源於遺傳的說法太容易被父母、教師和孩子當做一種藉口了。每當在困難面前需要人們付出努力加以解決時，人們就會以遺傳原因作為藉口來逃避責任。然而，我們沒有權利推卸責任，對於那些旨在推卸責任的各種觀點我們都應該持懷疑和否定態度。

一個對自己的教育價值深信不疑、堅信教育能夠訓練人的性格的教育工作者，是不會輕易就認可能力遺傳的觀點的。我們這裏所關注的並不是身體上的遺傳。眾所周知，器官的缺陷，甚至器官的能力差異可能是由遺傳因素造成的。但是，在器官功能和人的精神能力之間發揮連接作用的橋樑是什麼呢？從個體心理學的角度來看，精神也在體驗和經歷著器官所具有的能力水準，並且也要考慮到器官的能力水準。然而，有時精神會過多地顧及器官的能力，器官的缺陷會影響到精神，以至在消除器官缺陷之後，精神的恐懼還持續很長一段時間。

人們總是喜歡追根溯源，總喜歡挖出事情的來龍去脈。然而，這種追根溯源的做法（即認為能力是天生遺傳的）在我們對一個人做出評價時卻是一種誤導。這種思考方式常見的錯誤就是沒有考慮到我們祖先的多樣性，沒有考慮到在我們家族中，每一個人都有父母兩個長輩。這樣，如果我們向上追溯五代人，就有六十四位先祖，那麼，後人的才能無疑可以歸因於這六十四位先祖中的一位所具有的聰慧才智；如果我們向上追溯到第十代，就會有四〇九六位先祖，那麼無疑至少有一位後人可以將其卓越的才能歸因於這些祖先中的一位。當然，我們也要記住，傑出的祖先給家族留下的遺風對孩子的發展所產生的影響與遺傳的功效有些類似。由此，我們就能知道有些家族比其他家族更人才輩出的原因。很明顯，這並不是由於遺傳的作用，而是因為家族的行事作風。只要回顧歐洲過去的情況，我們就能明白這個道理，比如在當時，家裏的孩子通常都會被迫繼承父親的事業。如果我們對這一社會制度在其中所發揮的作用視而不見，自然就會對有關遺傳作用的統計數字有非常深刻的印象，錯誤地認為這些數字很有說服力。

除了能力遺傳方面的錯誤觀念之外，兒童發展所存在的另一個最大障礙，就是如果他們不能取得好成績就會受到家長的懲罰。如果一個孩子不能取得好成績，他會發現他不會得到老師的喜愛。他在學校已經為此煩惱不已，回到家裏還要面對家人的冷言冷語。父母會責備他，甚至還對他進行打罵。

教師應該知道不良的成績單會帶來什麼樣的後果。在有些教師看來，如果學生不得不把成績單交給父母，那麼他會因此而更加刻苦學習。但是，這些教師並不瞭解某些家庭的特殊情況。有些孩子的家庭教育非常嚴格，甚至可以說嚴厲。出身於這種家庭的孩子會舉棋不定，猶豫著要不要把不好的成績單帶回家。結果，他可能根本沒有回家的膽量；在某些極端的情況下，他甚至會出於對父母的恐懼心理而絕望自殺。

教師當然沒有義務對學校的制度負責，他們完全可以用自己對學生的同情和理解來使學校制度非人性和苛刻的一面得到某種程度的彌補。對於那些出身於特殊家庭的孩子，教師不要對他們那麼苛刻，可以更加寬容一點並適當地給他們以鼓勵，而不是把他們往絕路上逼。那些總是不能取得好成績的孩子會感到心情沉重和壓抑，他總是被別人說成是學校最差的學生，結果他自己也會產生相同的看法。如果我們能設身處地地想一下，就不難理解這些孩子討厭學校的原因了，這也是人之常情。如果一個孩子總是成績不佳，總是受到批評，他奮起直追的自信心就會逐漸喪失，自然就會討厭學校，甚至想辦法逃離學校。所以，如果我們遇到這種翹課曠課的孩子，也是不足為奇的。

雖然我們不必對這種情況的發生感到大驚小怪，但還是要清楚瞭解其中的含義。我們應該注意到，這僅僅是拉開了一個糟糕的序幕，這種情況通常會在處於青春期的孩子身上發生。為了逃避責罰，他們會修改成績單，翹課曠課等。他們很容易和具有相同經歷的學生為伍並形成幫派，慢慢走上犯罪的道路。

如果我們贊同個體心理學的看法，即不管什麼樣的孩子都是可以挽救的，那麼，這一切都是能夠避免的。我們認為，總能找到可以幫助這些孩子的方法。即使遇到非常糟糕的情況，也能找到出路。當然，其中的關鍵是我們要想方設法去尋找。

學生留級的壞處是眾所周知的。在教師看來，留級生一般都會給學校和家庭造成麻煩。雖然這並不是普遍情況，但卻很少有例外發生。絕大多數的留級生都會重讀好多次。他們總是落後於其他人，這是由於他們的問題從來沒有得到真正的解決。

讓什麼樣的孩子留級，這的確是一個很困難的問題。然而很多教師成功地避免了這個問題。他們利用假期對孩子進行輔導，幫助他們找到生活風格中存在的錯誤並進行矯正，從而不至於使這些孩子留級。如果學校設有這種特殊的輔導老師，那麼這倒是一個具有良好示範作用的方法。我們有上門為孩子進行家教的社會工作者，但卻缺乏這種補課的輔導老師。

在德國，並不存在上門為孩子進行家教的制度，我們看來似乎也不需要這種教師。公立學校的任課教師對孩子有著最為清楚的瞭解。如果他能對孩子們進行正確的觀察，他就會比其他人對班級的真實情況更為瞭解。也許有人認為，一個班級有很多人，任課教師不可能做到對每一個學生都瞭若指掌。但是，如果孩子一入學我們就注意對他們進行觀察的話，我們很快就會對他們的生活風格有所瞭解，這樣也能夠避免一些後來觀察的實際困難。即使是再大的班級，這也是能夠做到的。很明顯，我們瞭解這些孩子後更能給他們提供良好的教育。當然了，一個班級有過多的學生並不是一件好事，應該儘量避免，這並不是一個無法克服的困難。

從心理學的角度來講，我們最好不要每年更換教師，或像有些學校那樣，每隔半年就把原來的老師都換掉。最好能讓教師跟著班級一起進入新的年級。如果一個教師能連續兩年、三年甚至四年一直執教同樣的學生，這是一件非常有益的事情。因為這樣的話，教師就有機會仔細地觀察和瞭解所有的孩子，察覺每個孩子的生活風格中存在的錯誤，並能及時給予矯正。

有些學生會跳級。但對於跳級是否是一件好事目前還是見仁見智。由於跳級而帶來的過高期望往往並不能使這些學生感到滿足。只有班級中那些年齡相對較大的學生——如果他們有很出色的表現——被允許考慮跳級。那些曾經留級後來又奮起直追且經過自己的努力也取得出色成績的孩子，也可以考慮讓他們跳級。我們不能因為學生學習成績優秀或因為他比別人懂得多，就把跳級作為對他的一種獎賞。如果這些成績優異的學生把一些時間投入到課餘愛好如繪畫、音樂等方面，這對他們來說是大有裨益的。此外，這對整個班級來說也是好事，因為這對其他學生來說是一種激勵。抽走班級中表現很好的學生並不是一件好事。有人可能會說，我們總要為那些聰明出色的學生提供發展的空間。對此，我們不敢苟同。相反地，我們認為，正是在成績優異的學生的帶動下，整個班級才能取得更大的進步，並獲得更大的前進的動力。

如果對前段班和後段班學生的發展情況進行一番探討也是很有意思的。我們可以驚奇地發現，有些前段班學生的智力事實上存在著很大問題，而後段班的學生也不是像很多人所想像的那樣智力低下，只是他們都來自於貧困的家庭而已。貧困家庭出身的孩子在學校通常都會得到呆笨的名聲。這是因為對於學校他們並沒有充分的準備性，這並不難理解。他們的父母由於十分辛苦、忙碌，因此很少有空閒來關注自己的孩子，或這些父母所受教育並不能達到教育這些孩子的水準。因此不應當把這些對學校生活準備性不足的學生編入後段班。在孩子的心目中，被編入後段班是一件不光彩的事情，會遭到同學們的嘲笑。

要想使這種孩子得到更好的照顧，發揮輔導老師的作用是一個不錯的選擇。我們之前已經對此進行了討論。除了輔導教師外，我們還應該設立兒童俱樂部，這樣孩子們就可以得到更多的輔導。可以讓他們在這裏做家庭作業，玩遊戲，讀書等。這樣就可以使他們的勇氣得到鍛鍊，從而增加自信。在後段班裏，他們只能感受到灰心和喪氣。如果再給這種俱樂部配備更多的遊樂場地，那麼這些孩子就可以徹底遠離街道，避免不良環境帶來的影響。

在教育實踐的爭論中，男女同校一直是一個無法迴避的問題。有人認為，原則上，我們應該提倡男女同校的發展。這是一種增進男女學生之間相互瞭解的好方法。然而，認為男女同校可以任其發展卻是一種極為荒謬的想法。男女同校會涉及一些需要慎重對待的特殊問題，否則，肯定是弊大於利的。例如，人們通常不會注意到這樣一個事實，那就是在十六歲之前，女孩子的成長發育要比男孩子快。如果男孩子對這一點一無所知的話，那麼，當他們看到女孩子發展得比他們快的時候，心理通常就會失衡，並和女孩展開一場沒有價值的競賽。學校的管理者和任課教師都必須在其工作中對諸如此類的情況給予高度的重視。

如果教師喜歡男女同校，並且對其中可能存在的問題有所瞭解，那麼男女同校就可以獲得應有的成功；但是，如果教師對男女同校非常反感，並認為這是一種負擔，那麼他們的教育和教學就必然不能成功。

如果無法對男女同校的制度進行很好的管理和應用，又缺乏對孩子們正確的引導和教育，出現有關性方面的問題就是不可避免的。在第十二章中我們將對學校的性教育問題進行詳細的探討。這裏只是指出性教育是一個極為複雜的問題。實際上，學校並非適合進行性教育的場所，因為當教師在整個班級面前談論性問題的時候，他並不清楚某些學生會作出怎樣的反應。當然，如果學生私下詢問與性有關的問題，那就是另一回事了。如果女孩子對這方面的問題進行詢問，教師不應該對此迴避，而是進行正面的回答。

前面我們討論了多少屬於教育的管理方面的問題，這有些稍稍偏離了主題，現在讓我們繼續回到本章問題的核心進行討論。如果我們能夠瞭解兒童的興趣並發現他們擅長的科目有哪些，我們總可以找到對他們進行教育的合適的方法。成功可以促使更多的成功發生，對教育來說是如此，對人生的其他方面也概莫能外。這就意味著，如果一個孩子對某一學科有濃厚的興趣，並在這方面取得了成功，那麼他就會因此而受到鼓舞，並使他嘗試學好其他科目。讓學生在一個成功的激勵下不斷獲得新的知識，取得新的成功，這正是教師的職責所在。學生自己並不清楚怎樣才能做到這一點，不知道怎樣依靠自己使自己得到不斷提升，這與我們所有人的經歷是相同的，在我們從無知邁向有知的過程中難免會感到困惑，這時候我們就需要別人的幫助。對於學生來說，能在這方面給他們提供幫助的就是教師。教師如果能做到這一點，他就會發現，學生們也會對這一點有所認識並予以積極配合。

上文中與找出孩子感興趣科目相關的討論，對孩子的感覺器官也同樣適用。換句話說，我們必須弄清楚孩子最經常使用的是哪種感覺器官，並確認他們所喜愛的感覺類型。有些孩子受到過視覺方面的良好訓練，有些孩子受到的則是聽覺方面的良好訓練，還有些孩子受到了運動方面的良好訓練等。近年來，一種所謂的職業學校逐漸流行起來，這些學校實行這樣一種正確原則，即把科目教學和孩子的感官訓練結合在一起。這些學校由此取得了成功，這顯示了利用孩子的感官興趣是很重要的。

如果教師發現某個孩子習慣用眼睛，屬於視覺類型，他就應該使教學的內容更便於眼睛的使用，例如地理。因為對這個孩子來說看的效果要好於聽的效果。這只是教師透過對學生的仔細觀察所得到的一個認識。教師還可以運用同樣的方法獲得其他與此類似的認識。

總而言之，教師負有一種神聖的、激勵人心的使命，他們是人類靈魂的工程師，他們的手中掌握著人類的未來。

然而，我們怎樣才能把理想變為現實呢？僅有美好理想的教育是不夠的。我們還必須想方設法使理想變為現實。我很久之前在維也納的時候就開始尋找這樣的方法，而我尋找的結果就是在學校裏建立教育諮詢診所。

建立這種診所為的就是用現代心理學知識給教育系統提供服務。診所會在特定的日期舉辦諮詢活動，有一位既精通心理學、又瞭解教師和父母生活情況的優秀心理學家和教師們共同參與其中。聚集在一起的教師們都會提出一些有關問題兒童的案例，如懶惰、不遵守課堂紀律、偷偷摸摸等。先由教師對具體的案例進行描述，然後由心理學家分享自己的經驗和知識，並和大家一起進行討論：是什麼原因造成了這些問題的產生？問題是什麼時候出現的？我們應該如何應對？這其中需要分析這些孩子的家庭生活和整個心理發展過程。最後把所有的資訊綜合在一起，針對一個存在問題的孩子給出一個詳細的矯正方案。

這個孩子及其母親後來也參加了諮詢活動。在明確了如何對母親開展工作的具體方式以後，先要和母親談一談，並向這位母親解釋他的孩子為什麼會遭遇挫折。接下來，由這位母親詳細說明這個孩子的情況，再由心理學家與她共同探討。通常來講，如果別人對自己孩子的案例很感興趣，作為孩子的母親應該很高興並積極進行配合。如果這位母親的態度比較糟糕，或充滿敵意，那麼教師或心理學家還可以向她介紹一些類似的案例或其他母親的情況，直到消除她的反抗情緒為止。

最後，在確定了具體該如何幫助孩子之後，便讓孩子來到諮詢室，讓他與教師和心理學家面對面。心理學家和他聊天，但對他的錯誤隻字不提。心理學家就像給他上課一樣，以一種能夠被孩子所理解的方式客觀地分析產生問題的原因和使他產生挫折感的觀念和想法。在心理學家的幫助下，孩子可以瞭解他屢屢受挫而其他孩子卻備受偏愛的原因，明白他對成功不抱希望的原因等。這種諮詢方法一直持續了大約十五年，在這方面經驗豐富的教師感到很滿意，他們也不想放棄持續了四年、六年或八年的工作。

在這種諮詢活動中受益最多的還是那些孩子們。他們原來的問題得到了解決並恢復了健康的心理狀態，他們學會了與他人合作，找到了勇氣和信心。那些未曾去諮詢診所進行諮詢的學生也會因此而獲益。當班級中某個學生表現出潛在問題的時候，教師會讓孩子們對此展開討論。當然，這種討論要在教師的指導下來進行，鼓勵孩子們參與到討論中，讓他們每個人都有表達自己看法的機會。他們開始分析某個問題（比如個別學生的懶惰）為什麼會產生，最後會得出結論。儘管這個懶惰的孩子並不知道大家討論的就是自己的問題，但他仍會從眾人的討論中收穫很多。

由這個簡短的總結我們可以看出心理學和教育相結合的可能性。心理學和教育只不過是同一現實和同一問題的兩個不同方面。要對心靈加以指導，首先就要清楚心靈是如何運作的。只有做到這一點的人才能運用他的知識來指導心靈，使其走向更高、更普遍的目標。

ADLER

第十一章 外在環境對兒童成長的影響

個體心理學在心理和教育方面涵蓋的內容非常豐富，外在環境的影響當然也是其中之一。古老的內省心理學太狹隘了，爲了彌補這種心理學所忽視的事實，馮特認爲創建一種新的科學——社會心理學是十分必要的。

個體心理學在心理和教育方面涵蓋的內容非常豐富，外在環境的影響當然也是其中之一。古老的內省心理學太狹隘了，為了彌補這種心理學所忽視的事實，馮特認為創建一種新的科學——社會心理學是十分必要的。然而，個體心理學卻並不這樣認為，因為它既注重個體心理，同時也沒有忽略外在的影響因素。它並不只是專注於個體心理，而忽視對心理產生影響的環境因素；也不僅僅把注意力集中到環境因素上，而遺漏個體獨特心理的重要性。

肩負教育責任的人或教師不能認為兒童只是從自己這裏獲得教育。外界因素也會波及兒童的心理，並對他產生直接或間接的影響。換句話說，外界因素對兒童心理狀態產生影響是透過作用於兒童的父母及其心理狀態來實現的。外在影響是不可避免的，所以，個體心理學對此更不容忽視。

首先，所有的教育者都不能對經濟因素給兒童心理造成的影響視而不見。例如，我們一定要記住，有些家庭世代都很貧困，總是艱難度日。這種家庭中籠罩著一種痛苦和悲傷的情緒，所以在這種家庭的教育下，他們的心靈總是感到壓抑，總是受到經濟問題的困擾，因而不可能產生一種健康的與人合作的心態。

另一方面，我們也要記住，長時間處於半飢餓或惡劣的環境中會在生理上對父母和兒童產生不利影響，而且這種生理影響進而會波及心理方面。這種影響在第一次世界大戰後歐洲出生的兒童身上就表現得非常明顯。與他們的前一輩人相比，這些孩子出生和成長的環境要惡劣得多。除了經濟環境會對兒童的成長產生影響外，父母由於缺乏生理衛生方面的知識而帶來的影響同樣也不容忽視。這種知識的缺乏與父母羞怯、溺愛的態度是分不開的。父母會過分寵愛自己的孩子，擔心他們吃苦受罪。但是，有時父母們卻顯得不夠細心，比如，在他們看來，隨著年齡的增長，脊柱變形的情況會慢慢好轉並恢復正常。他們並沒有及時帶孩子去醫院進行治療。這無疑是一個錯誤，尤其對那些生活在醫療服務設施比較完善的城市中的父母們來說更是如此。不佳的身體狀況如果未能得到及時治療的話，就可能留下嚴重的疾病隱患，還可能造成心理創傷。從個體心理學的角度來看，每一種疾病都是心理上的一個「危險的暗礁」，所以要盡可能地避免「觸礁」。

如果未能有效地避免「危險的暗礁」，我們可以藉由培養兒童的勇氣和社會情感來使它的危險性降到最低程度。實際上，可以說，只有當一個兒童不具備充分的社會情感時，生理疾病才會對他的心理產生影響。對於一個認為自己已經融入周圍環境的兒童來說，危險的疾病在心理上給他造成的影響不會像一個也患有同樣疾病但被溺愛的孩子那樣強烈。

透過病例可以看出，那些得了咳嗽、腦炎等疾病的孩子在心理方面都會產生問題。人們認為這些心理問題是由疾病造成的。但實際上，疾病只是誘發了這些孩子潛在的性格缺陷。在患病期間，孩子感覺自己彷彿獲得了某種力量，因為他可以以此為理由來控制家人。他看到了父母臉上焦慮不安的神情，他明白那完全是由自己的疾病造成的。當疾病好了之後，他仍想繼續獲得家人的關注，並提出各種要求來控制父母以便達到這個目的。當然，這種情況只會在那些缺乏社會情感訓練的兒童身上發生，因為他們把這作為表現自我的一種手段。

然而，有意思的是，疾病有時卻能夠使兒童的性格得到改善。我們可以用一個關於一位教師次子的案例來進行說明。這位教師曾經為這個孩子感到非常擔憂，但又一籌莫展。這個孩子有時候會離家出走，他的學習成績在班級裏總是最差的。有一天，這位父親把他帶到了管教所進行改造，卻發現這孩子罹患了憂鬱型肺結核。這個疾病需要父母長期的悉心照料。這個孩子的病好了之後，卻變成了家裏最乖的孩子。這孩子最渴望的就是父母能給予他額外的關注，而在生病期間，他確實得到了這樣的待遇。他以前不聽話是因為他那才華出眾的哥哥給他的心理造成了陰影。因為他不能像哥哥一樣得到家人的讚揚，所以他就持續地以各種叛逆舉動進行抗爭。然而，經過一場疾病，他開始相信，他也能夠得到父母的喜愛，就像哥哥一樣，他因此而學會了用良好行為來獲取父母的關注。

這裏還需要注意一點，疾病給兒童留下的印象通常是無法磨滅的。對於諸如危險的疾病和死亡等事情，兒童經常會感到驚訝或震撼。疾病留在心靈的印記，會表現在後來的生活中。我們會發現有些人感興趣的只是疾病和死亡。其中一部分人能夠找到運用自己這種興趣的正確之道，比如他們中某些人成為醫生或護士；但大多數人卻始終擔驚受怕，他們無法從疾病的陰影中走出來，這嚴重妨礙了他們從事有意義的工作。在接受調查的一百多名女孩中，有將近五〇%的人承認，她們人生中最大的恐懼就是對疾病和死亡的想像。

所以，父母要注意儘量不要讓孩子在童年時期受到疾病太大的影響。他們應該讓孩子對此類事情有足夠的心理準備，盡可能避免他們受到從天而降的疾病給他們帶來的打擊。要讓孩子形成這樣一種印象：每個人的生命都是有限的，但是要活得有價值。

在兒童生活中存在的另一個「暗礁」就是跟陌生人、家裏的熟人或朋友的接觸。與這些人接觸會對兒童心理造成不良影響的原因在於，這些人對孩子的興趣並不是發自肺腑的。他們喜歡逗孩子開心，或在最短時間內做那些讓孩子印象深刻的事情。他們給予孩子的或許是並不真實的讚揚，但卻會使孩子的自信心極度膨脹，並變得自負起來。在與孩子短暫的接觸中，這些人會盡力寵愛、縱容他們，這樣會對孩子的正常教育產生不良影響。應當儘量避免這種情況發生。父母正常的教育方法不應該受到陌生人的干擾。此外，陌生人通常還會把孩子的性別搞錯，把小男孩稱為「美麗的小女孩」，或把小女孩稱為「漂亮的小男孩」。這也應該儘量避免，其原因我們會在「青春期」一章中加以討論。

家庭環境對於兒童成長的重要性自然也是不能忽視的，因為透過家庭，孩子可以看到家庭參與社會生活的情況。也就是說，孩子關於合作的最初印象完全來自於家庭環境。如果孩子成長在封閉的、不與人交往的家庭中，他們通常就會在家人和外人之間劃上明顯的界限。他們感到在他們的家庭和外部世界之間似乎存在著一條鴻溝將兩者隔絕開來，在看待外部世界的時候他們也自然會持有一種充滿敵意的態度。這種家庭與外部世界的社會關係不會取得進展，這會使孩子疑心更重，並只從自己的角度來看待外部世界。這對兒童社會情感的發展當然是不利的。

當孩子長到三歲時，就應該鼓勵他們和其他的孩子一起做遊戲，應該逐漸讓他消除對陌生人的恐懼感。否則，日後這些孩子與陌生人接觸時就會臉紅、膽怯，並用敵對的態度來對待他人，在被過分溺愛的孩子身上這種情況經常發生。這樣的孩子總想「排斥」他人。

如果父母能較早發現並矯正孩子的這些毛病，那麼在孩子日後生活中就能避免很多麻煩。如果一個孩子在三～四歲的階段受到了良好的養育，如果他們能在家長的鼓勵下和其他孩子一起做遊戲，如果他們具有團隊精神，那麼他們不僅不會在與人接觸時產生心理障礙，也不會罹患精神官能症或精神錯亂症。只有那些生活封閉、對人毫無興趣、不能與他人合作的人，才會患有這些症狀。

在對家庭環境給孩子成長造成的影響進行討論時，我們不得不提到家庭經濟境況的改變對兒童的不利影響。如果富裕的家庭突然陷入貧困的境地，尤其是在孩子年幼的時候發生這種變故，給孩子的成長帶來的不利影響是非常明顯的。對那些受到過分溺愛的孩子來說，這種變故更難接受，因為他過去已經過慣了被人寵愛和關注的生活。他會十分懷念原來的優越生活，並對它們的逝去痛心疾首。

但另一方面，如果家庭一夜之間變得富有，對孩子的成長來說也不一定是件好事。這樣的父母可能一時間並不知道如何合理地使用如此之多的財富，在這方面更有可能對孩子犯錯。他們覺得不必再在錢財方面精打細算了，他們會盡可能給孩子提供優越的生活，並寵愛和縱容他們。這樣做的結果就是，在這種一夜暴富的家庭中，我們經常能發現問題孩子。在暴富家庭中成長的孩子通常會成為這種問題孩子的典型代表。

如果經過恰當的訓練讓孩子具備合作的精神和能力，就可以避免上述這類問題甚至是災難。所有這些（外在）環境就像一扇扇敞開的大門，兒童借此來逃避有關合作精神和能力的訓練，我們對此要多加注意。

不僅外在的物質條件如貧窮和暴富會對孩子的心理產生影響，不良的精神環境也會為兒童的成長造成困難。在這方面，我們首先想到的就是來自於家庭的偏見。這種偏見大部分都是由於家庭成員的不良行為所造成的，例如，父親或母親曾經做過不光彩的事情。這會在孩子的心理上產生很大的影響。這也會使他對未來充滿了恐懼和擔憂，總想遠離同伴，生怕被人發現自己的父母是這樣的人。

身為父母，我們不但肩負著教育孩子讀書、學習和做算術的責任，而且要為他們提供一個健康成長的心理環境，這樣，孩子就不會承受比其他孩子更大的壓力。因此，如果父親整日酗酒或脾氣暴躁，他應該意識到這會對他的孩子產生影響。如果父母有不幸的婚姻，總是爭吵，也會使孩子受到傷害。

這些童年經歷會在孩子的心靈深處形成難以磨滅的印記。當然，如果孩子擁有充分的社會情感，能學會與人合作，那麼就可以消除這些經歷所產生的影響。然而，這些經歷造成的創傷卻成為他與人合作的障礙。這也是為什麼近年來在學校會興起兒童諮詢診所運動的原因。如果父母由於各種各樣的原因無法履行自己的職責，那麼，這一職責將會由受到心理學培訓的教師來承擔，在教師的耐心指導下孩子將逐步走向健康的生活。

除了源於個人之間的偏見外，還有產生於國家、種族和宗教之間的偏見。我們總可以看到，這種偏見不僅會對受到侮辱的兒童造成傷害，甚至還會傷害實施侮辱行為的人。後者會因此而變得心高氣傲、目中無人，他們會認為自己比別人優越，高人一等，並會嘗試在生活中實現自己設立的優越目標，但他們最終都會以失敗收場。

民族或種族之間存在的偏見往往是戰爭爆發的根源。如果想促進人類文明進步的步伐，就必須消除這種給人類釀成大禍的偏見。在這方面，教師的職責就是解釋清楚戰爭的真實根源，而不是讓孩子輕易獲得機會利用舞槍弄棒來展示自己對優越性的渴望和追求。這並不是為以後的文明生活所需要作的準備。許多孩子後來開始了軍旅生涯，多是由於童年時代受到的軍事教育。除了這些參軍的孩子外，還有許多孩子在兒時參加過打仗的遊戲，在這種遊戲的影響下，他們的心理在後來的生活中一般都是殘缺不全的。他們總像戰士那樣爭強好勝，永遠也不懂得該如何與人和睦相處。

在耶誕節或別的節日，對於要送給孩子什麼樣的玩具作為禮物，要引起父母特別的注意。父母應該儘量不要讓孩子玩耍刀槍棍棒和進行戰爭遊戲，同時也不要讓他們閱讀那些有關英雄崇拜的書籍。

對於怎樣為孩子選擇適當的玩具，有很多需要注意的地方。然而，一條基本的原則就是我們所挑選的玩具應該能培養孩子的合作意識、創造精神和能力。如果孩子可以自己製作玩具，當然會比玩弄那些如布娃娃和玩具狗之類的現成玩具，還具有更大的意義和價值。順便還要說明一下，我們還要教育孩子尊重動物，不要僅把牠們視作玩具，而是要把牠們當作人類的朋友，教育他們在面對動物時不要害怕，但也不要隨意玩弄和虐待動物。如果發現孩子虐待動物，我們可以據此認為他可能會欺負弱小的孩子。我們要讓孩子瞭解，家裏的小鳥、小狗和小貓等動物都是和人類一樣的，牠們同樣具有喜怒哀樂各種感受。如果孩子學會如何與動物相處，我們就可以將其視為他們與人進行社會合作的一種準備。

孩子的成長中難免會有相關的親戚因素存在。首先不得不說的是祖父母。對於這些祖父母的境遇，我們一定要以冷靜客觀的態度來看待。在我們這個時代，祖父母的處境多少會染上一些悲劇色彩。隨著年齡的增長，他們本該有更大的發展空間，應該有更多的興趣愛好。然而，我們的時代恰恰相反。老人覺得自己被社會遺棄，處在無人問津的角落裏。這太遺憾了，因為他們可以做的事情還有很多，如果他們有更多的工作和奮鬥機會，他們就會感到更幸福、更快樂，這是毋庸置疑的。我們不建議讓一個六十歲、七十歲或八十歲的老人從自己的事業上退下來。與改變他一生的計畫相比，讓他繼續他的事業顯然更加容易。然而，由於社會風俗的影響，那些仍然活力充沛的老人卻被我們晾在一邊，不聞不問。他們失去了繼續展示自我的機會。這樣做的結果是什麼呢？我們會使對老人犯下的錯誤波及孩子。祖父母總是設法證明（他們原本可以不必這樣做）他們仍然活力充沛，對這個世界來說並不是一無是處。於是，他們總是對孫子、孫女的教育指手畫腳，並試圖證明自己仍然知道怎樣去教育孩子，他們會對孩子體貼入微，溺愛縱容，但這種方式會帶來災難性的後果。

我們當然應該儘量不去傷害這些老人的感情。我們要為這些老人創造更多的機會，但要讓他們明白，要把孩子作為一個獨立的個體來看待，孩子不應該成為他人的玩物，也不應該把他們捲入家庭的糾紛中。如果老人和孩子的父母之間產生衝突，那就讓他們自己去解決吧！但是，千萬別讓孩子也身陷其中。

我們經常可以看到，那些心理疾病的患者，大部分都曾受到祖父或祖母的溺愛。對於為什麼祖父母的「疼愛」會使孩子後來罹患心理疾病，我們並不難理解。因為溺愛或者意味著過度縱容，或者意味著引起孩子間的相互競爭或妒忌。許多孩子會告訴自己說：「祖父最愛的就是我。」這樣，一旦在其他人眼中他們不再是「最愛」的時候，就會感覺受到了傷害。

在其他可能對孩子成長產生影響的親戚中，有一類非常重要，他們就是「聰明的表兄弟或表姐妹」。對孩子的成長來說，他們通常也會帶來一些麻煩。當人們在一個孩子面前誇獎他的表兄弟或表姐妹既聰明又漂亮時，很顯然這個孩子會因此感到苦惱。如果這個孩子有充足的自信心且具有社會情感，他就會明白，人們所說的聰明的意思只不過是「受到了良好的訓練或進行了較為充分的準備」，他自己也能透過某種方法達到那樣的水準。然而，如果他像大部分人那樣認為聰明是先天的，是與生俱來的，他就會產生一種自卑感，認為命運的安排是不公平的。於是，他在整個成長過程中都會受到阻礙。漂亮的外表當然是自然的饋贈，但是，它所具有的價值在當代文明社會卻被過分誇大了。從兒童的生活風格中我們就能夠看到這種錯誤，他因為不如表兄弟長得漂亮而感到困擾，這種情緒對心理產生的影響是不利的。甚至在二十年後，這種對漂亮的表兄弟（或表姐妹）的嫉妒和羨慕之情還依然存在。

要避免讓孩子的成長受到這種因他人的漂亮外表而造成的傷害，唯一的方法就是讓孩子瞭解，與外表美比起來，與人相處的能力更為重要。當然，外表美自有其價值，我們沒有人喜歡醜陋的外表，我們更希望得到美麗的外表。然而，我們在對生活進行理性的規劃時，不能把一種價值與其他價值分割開來，也不能將提升某一種價值作為最高目標。對於外表美來說當然也是如此。一個人擁有美麗的外表，並不意味著他能過理性、和善的生活。事實上，在有犯罪行為的人中，除了個別相貌醜陋者之外，也有一些容貌姣好的孩子。我們不難理解這些擁有美麗外表的孩子會走上犯罪道路的原因：他們明白自己有漂亮的外表，受到人們的喜愛，他們以為這樣自己就可以不勞而獲。他們並沒有做好充足的生活準備，但後來他們卻發現，不付出就無法解決自己的問題。所以，他們就選擇了一條不勞而獲的捷徑，那就是犯罪。就像詩人維吉爾所說：「通往地獄的路走起來最為容易。」

父母過度寵愛孩子，只會適得其反，讓孩子養成不良的心理特徵。他們會以反抗父母，挑戰父母的權威為樂而引以自豪。

這裏還有必要對孩子的讀物再補充幾句。究竟孩子適合閱讀什麼樣的書呢？童話故事應該怎樣處理才能讓孩子閱讀？怎樣讓孩子閱讀像《聖經》這樣的書？這裏重要的一點是，有一個事實經常被我們忽視，即孩子對事物的理解完全不同於成人。

同樣被我們忽視的一個事實是，孩子理解事物的依據是自己獨特的興趣。如果這個孩子非常膽小，他就會在《聖經》和童話故事中尋找贊成他膽小的故事，這樣他就會一直膽小下去。我們需要在童話故事和《聖經》的某些段落加上評論和解釋，讓孩子理解它原來的意思，而不是僅憑他自己的主觀臆斷。

對孩子來說，童話故事當然是很受歡迎的，就連成人也能從中受益。但這裏需要指出的是，今天的孩子對在特定的時間和地點下產生的童話故事有一種距離感。其中的時代差異和文化差異對兒童來說是很難理解的。他們讀到的故事是在完全不同的年代創作的，當時的世界觀與現在存在著很大的差異。故事裏總會出現一個王子，這個王子也總會受到讚揚和美化，他的全部性格總是以一種迷人的方式展現出來。這類故事當然完全都是杜撰出來的。然而，對於一個需要對王子頂禮膜拜的時代，這種理想化的虛構無疑是恰當的，這種情況應該向兒童進行說明。要讓他們知道這些神奇的故事都是人們經過想像和幻想而創作出來的；否則，他們遇到成長過程中的困難時，就總會試圖尋找簡便省力的捷徑。

例如，有一個十二歲的小男孩在被問到他以後的理想是什麼時，他回答說：「我要做一名萬能的魔法師。」

童話故事如果可以加上適當的評論，可以作為一種工具激發兒童的合作精神並使他們的視野得到拓展。至於電影，帶一個一歲兒童去電影院觀影可能不存在任何問題。但是，年齡大一點的孩子就會對電影的內容產生誤解。甚至童話劇的含義也會經常被他們誤解。例如，一個四歲的孩子曾在劇院裏觀看過一齣童話劇，許多年過去了，他仍然相信這個世界有專門出售毒蘋果的老婦人。許多孩子都無法正確地理解電影的主題，或對電影進行草率、主觀的判斷。這種情況下，父母應該就電影的內容向他們進行解釋，直到確信他們已經有了一個正確的認識為止。

報紙對孩子的成長來說也是一種外在的影響因素。報紙的對象是成年人，其中並不反映孩子的看法。所以，應儘量不要讓孩子閱讀報紙。但是，也存在一些專門針對兒童的報紙，這無疑是件好事情。一般的報紙往往會給那些沒有做好準備的孩子一種扭曲的印象，尤其是那些有關不幸事故的報導最能讓孩子感到沮喪和壓抑。孩子們會認為在我們的生活中到處都是謀殺、犯罪和各種事故。從許多成年人的談話中，我們可以發現，他們童年時對火災有多麼大的恐懼感，這種恐懼又會給他們的心靈帶來多麼持續的困擾。

上面談到的是教育者和父母在教育兒童時應當加以注意的幾個方面，這些雖然不是影響兒童成長的全部外在因素，但卻是其中最重要的部分，由此可以顯示這些因素對兒童成長產生影響的一般原理。個體心理學還是要重申其中的兩個最基本的概念：「社會興趣」和「勇氣」。對這裏所涉及的問題來說，這兩個基本概念就像對其他的問題一樣適用。

A D L E R

第十二章 青春期和性教育

我們在這裏可以看到，孩子的性教育就像其他方面的教育一樣，家庭內部的合作和友愛精神是一個至關重要的因素。有了這種合作精神，有了早期性方面的知識，有了男女平等的觀念，那麼在未來遇到任何危險的時候，孩子都能順利應付。重要的是，他們已做好準備抱著健康的態度去迎接未來的人生。

關於青春期的圖書可謂琳琅滿目、不計其數。這的確是一個非常重要的主題，但這裏強調的重要性絕不是人們通常意義上所理解的。我們每個人在青春期都有不同的表現。在班級中，我們可以發現各種各樣的孩子：有的積極進取，有的手腳笨拙，有的乾淨整潔，有的懶惰邋遢等等。我們也發現，有些成人甚至老人的行為舉止仍像處於青春期的孩子一樣。從個體心理學的角度看，這並不是什麼稀奇古怪的現象，這只能說明這些成人在青春期階段就沒有再成長。事實上，從個體心理學的觀點看來，青春期是任何一個個體都要經歷的成長階段。我們認為並不是任何成長階段或任何環境都可以使一個人發生改變，它們只是一種準備性測試，即它們只是把過去形成的性格特徵顯現出來而已。

例如，有些孩子童年時受到非常嚴厲的管教，他們無法表達自己的看法，也感覺不到自己的力量。而一到了青春期，這些孩子就猶如掙脫鎖鏈一般，他們的生理和心理都得到了快速成長。然而，有些孩子卻過分依戀過去，找不到正確成長的途徑，於是停止了成長。他們喪失了生活的興趣，性格變得越來越內向，在童年時期被壓抑的能量並沒有在青春期爆發出來，他們所表現出的是童年時受到溺愛並因此而缺乏對新生活的準備的狀態。

青春期比以前任何一個階段都更能使人表現出一個人的生活風格。這無非是由於青春期比童年更接近真正的成人。這時更容易顯現出他對生活的態度，顯現出他是否易於與人相處，是否具有社會興趣。

一個極度缺乏社會興趣的人，會以一種非常誇張的形式表現其社會興趣。對於那些處於青春期的孩子來說，他們的社會興趣缺乏一種分寸感，他們一心只想為了他人而犧牲自己的利益。他們具有過分強烈的社會興趣，從而使他們自己的成長受到阻礙。然而我們知道，一個人要想真正地投身於公共事業、為他人服務，就必須先把自己的事情做好，他必須有能貢獻的東西才行，否則到頭來還是一場空。

除此之外，我們還可以看到，許多十四～二十歲的青少年喪失了社會興趣。他們十四歲便走出了學校的大門，失去了與老同學和老朋友的接觸和聯絡，而新的人際關係又還沒有建立起來。在這段時期內，他們會感到自己完全脫離於社會。

接下來要討論的是職業問題。一個人的職業態度會在青春期有所顯現。我們可以看到，有些青少年在這個時期工作表現良好，並開始變得獨立自主，這說明他們走上了一條健康發展的道路。然而，有些人卻在青春期停止了成長。他們不能找到適合自己的職業，總是不斷地折騰——不是頻繁跳槽，就是經常轉學等。彷彿除此之外，他們整天就會無事可做。他們壓根就沒想過去工作。這些問題並不是在青春期才形成的，而是過去就已經形成，只不過到青春期才明顯地表現出來。如果我們能對孩子進行深入的瞭解，如果我們給孩子更多獨立自主和表達自我的機會，而不是像童年時那樣嚴密監視限制孩子的話，我們將會對孩子的發展產生更多有利的影響。

現在讓我們來討論個體生活中存在的第三個問題：愛情和婚姻。從一個青少年對待這個問題的態度中，我們可以看到關於他人格的哪些情況呢？他們的答案仍然與青春期之前的生活有著密切的關係，只是這個答案在青春期強烈的心理活動下顯得更清晰、更準確。我們可以看到，在青春期孩子關於愛情和婚姻問題的認識有了更大的發展。有些青少年十分清楚自己該如何表現，或者浪漫，或者勇敢。但無論是浪漫還是勇敢都是正確對待異性的行為。

然而，有些青少年則走向一種極端。在性問題上他們顯得非常羞怯。越是與成人的真實生活接近，他們對這個問題準備的不足就表現得越明顯。我們可以依據他們在青春期的人格表現推測出他們未來的生活。因此，我們自然也就知道採取什麼措施才能改變他們未來的生活。如果一個青少年對異性表現出非常消極的態度，我們只要瞭解一下他過去的生活，就會發現他在兒童時期可能非常好鬥，父母對其他子女的偏愛可能會使他感到十分沮喪。結果，他認為自己應該一往無前，並開始變得高傲自大，拒絕一切與情感有關的事情。所以可以說，他這種對異性的態度所反映的正是他童年的經歷。

我們經常發現許多青春期的孩子都嚮往離家出走。這是由於他們不滿於家裏的情況，因此便試圖尋找機會與家庭斷絕關係，不想再得到家庭的供養。然而這種供養對孩子和父母都是有好處的。因為孩子一旦遭遇無法克服的困難，他們會認為他們失敗是因為缺乏父母的幫助。

在那些住在家裏的孩子身上也同樣表現出離家的傾向，只不過這些孩子的嚮往沒有那麼強烈。他們會利用每一個可能的機會夜不歸宿，因為晚間外出有更大的誘惑力，比靜靜地待在家裏能獲得更大的樂趣。這是他們對家庭無聲的控訴。他們在家裏感覺處處都受到拘束和看管，總是不自由。因此，他們從沒有表現自我的機會，更不會有機會發現自己的錯誤。青春期是孩子開始表現自我的危險時期。

與之前相比，許多青春期的孩子會更加強烈地感到自己突然失去了他人的讚揚。也許他們在學校一直都表現得很優秀，得到了老師的充分肯定。接著他們突然轉入一所新的學校，或進入一個新的社會環境，或更換一份新職業。我們知道，很多學生並沒有把這種優秀的表現一直持續下去。他們似乎發生了很大的變化，而事實上，這裏並沒有改變發生，只是在新的環境中不能像在過去的環境那樣顯示出他們真實的性格罷了。

由此可以看出，要想避免青春期的孩子產生這些問題，一種最佳的方法就是培養友誼。孩子應該多結交良師益友，家庭成員之間應該彼此信任。事實上，只有那些一直給孩子鼓勵並成為其朋友的父母和教師，才能繼續對處於青春期的孩子加以引導。除他們之外，任何想提供引導的人都會遭到處這些孩子的拒絕。孩子會對他們充滿懷疑，把他們看作外人甚至敵人。

我們會發現，有些女孩子會在青春期表現出對自己女性角色的厭惡，她們喜歡模仿男孩子。這是由於模仿青春期男孩子抽菸、喝酒、拉幫結派的壞毛病，相比於模仿努力地工作要容易得多。這些女孩解釋說，如果她們不模仿這些行為，就不會有男孩子對她們感興趣。如果我們對青春期女孩子的這種情況進行分析就會發現，即使是在早年，這些女孩也從未對自己的女性角色感到滿意過。但是這種厭惡始終潛伏著，直到青春期才明顯地表現出來。所以，認真觀察青春期女孩子的這種行為是非常有必要的，因為從中我們能夠看到她們將如何對待自己未來的性別角色。

對於青春期的男孩子來說，那些聰明、勇敢和自信的男性角色會大受歡迎。然而，也有些男孩子沒有勇氣面對自己的問題，不認為自己能夠成為真正的、完善的男人。如果他們過去在男性角色教育上存在著某種缺陷和不足，那麼，這種缺陷就會在青春期表現出來。他們脂粉氣十足，行為舉止都像個女孩，甚至模仿女孩子賣弄風情、忸怩作態等壞習慣。

和這種男孩子極端的女性化類似，我們也可以看到一些男孩子會表現得極端男性化，將男性的人格特徵以極端的惡習展示出來。他們酗酒、縱欲，有時候甚至只為了表現和炫耀他們的男子氣概而犯罪。這些極端化的惡習常常表現在那些渴望優越感、渴望成為領袖和渴望令人刮目相看的男孩子身上。

雖然從表面上來看，這種男孩子咄咄逼人、充滿野心，但實際上，他們的內心往往都比較脆弱。美國最近就有一些這樣的例子，比如希克曼、勒奧波德和羅伯。我們透過研究這類人的經歷可以發現，他們總是尋求一種簡單快捷的生活，總是想不勞而獲或者一勞永逸。這種人看起來雖然積極主動但其實缺乏勇氣，這恰恰是犯罪的孩子所具有的特徵。

我們還可以發現，有些孩子還會在青春期第一次毆打父母。那些忽視人格統一性的人會覺得，這個孩子發生了突然的改變。然而，如果我們仔細研究一下之前曾經發生的事情，就會發現他們的性格其實一點都沒有變，一切還都和從前一樣，只是他們現在擁有了更大的力量和更多的機會來進行這種行為。

另外值得注意的一點是，任何一個青春期的孩子都無法逃避這樣一個考驗，即他覺得必須要做點什麼才能讓人們不再把自己當作一個孩子。這種想法當然是非常危險的，因為當我們認為我們一定要證明點什麼的時候，我們很可能會走得太遠，做得太過。青春期孩子的情形當然也是這樣。

這的確是青春期孩子所犯的最有趣的一個毛病。解決這一問題的辦法就是向他們說明並指出，他們向我們做出這種證明是沒有必要的，我們也不需要這種證明。這樣我們或許可以避免他們的過度行為。

我們常會看到這樣一種女孩：她們過分誇大對男性的喜愛之情，甚至達到為男性癡狂的程度。這種女孩總是和母親吵個不停，總是感覺自己受到了壓制（或許這是真實的情況）。為了激怒母親，她們會隨便與男人搭上關係。她們看到母親為此而大發脾氣的樣子就會感到十分開心。許多因為和父母發生爭吵或者父親過分嚴厲而離家出走的女孩子，還會和男性發生初次性關係。

具有諷刺意味的是，這些望女成鳳的父母正是由於對女兒監管過嚴而使她們成為壞女孩。錯誤不在於這些女孩，而在於她們的父母，因為他們缺乏心理學的相關知識，沒有使自己的女兒為她們必然要經歷的情境做好充分的準備。父母們在孩子小的時候總想把她們保護起來，卻沒有對她們進行訓練，讓她們具有避免青春期陷阱所必需的判斷力和獨立性。

這些問題有時並不是在青春期出現，而是出現在青春期之後，例如之後的婚姻中。其中蘊含著相同的原理。只是她們是幸運的女孩，沒有在青春期遭遇這種不利的情境罷了。然而，這種不利情境終究還是要發生的，所以，最關鍵的是她們自己要做好充分的準備。

這裏有一個關於青春期女孩的例子。有一個十五歲的女孩出身於一個非常貧窮的家庭，她的母親總是需要照顧生病的哥哥。因此，她很早便察覺出父母對她和她哥哥給予的關注是不同的。在她出生的時候，她的父親也生病了。因此，她的母親不得不同時照顧她的父親和哥哥。這個女孩本來就缺乏父母的關愛，這樣一來更是雪上加霜。她看到哥哥和爸爸受到關注和照顧，內心對這種關心和照顧也充滿了強烈的渴望。不久，她的妹妹出生了，於是她失去了僅有的一點關注。也許是上天的安排，在她妹妹出生時，她的爸爸康復了，這樣妹妹便獲得了比她作為嬰兒時更多的關愛，孩子在這方面是非常敏感的。

為了彌補父母關愛的缺乏，這個女孩在學校努力用功讀書。她成為了班上最優秀的學生，所有老師都很喜歡他。由於她學業成績出色，老師建議她去讀中學。但是，到了中學的時候，情況發生了變化。所有的一切都成為了過去，新的老師並不認識她，自然不會太關注她，因此她的成績並不好。

她對這種關注充滿了強烈的渴望，但目前的情況似乎變得更糟了，不僅在家裏得不到這種關注，在學校也得不到了。她被迫到別的地方去尋找這種關注。於是她就出去隨便找了個喜歡她的男人。她與這個男人在一起過了兩週的時間，然後這個男人就厭煩了。之後的情況我們可以預料。這個女孩會逐漸明白，她想要的關愛並不是這樣的。與此同時，她的父母對她非常不放心，並四處尋找她。後來她父母突然接到她的一封信，她在信中寫道：「我服毒了，放心吧——我很幸福。」很明顯，在她追求幸福和關愛失敗之後，接下來的想法就是自殺。然而，她沒有自殺，她只是以自殺來嚇唬她的父母，並透過這種做法求得父母的原諒。她繼續一個人在街上遊蕩，直到被父母發現並帶回家。

如果這個女孩能意識到她所做的一切只是因為想要得到關注，那麼這所有的事情都不會發生；如果中學教師能儘早地瞭解女孩的情況並給她多一點關注的話，這一切也不會發生。不論在整件事的哪一個環節採取適當的措施，後來的事情都是可以避免的。

下面讓我們來談一談有關性教育的問題。近年來，許多人把性教育問題過分誇大，甚至到了喪失理智的程度。按照他們的觀點，每個年齡階段都要進行性教育，他們過分誇大了因性無知而造成的後果。但事實上，如果我們對自己和他人過去在性教育上的經歷進行一番觀察，就會發現並不會存在如此巨大的危險和嚴重的後果。

從個體心理學的角度來看，在孩子兩歲的時候就應該告訴他們自己是男孩還是女孩，並且告訴他們這種性別是無法更改的——男孩長大變成男人，女孩長大變成女人。孩子知道了這些，就算他們在性知識方面仍有欠缺，也不會遭遇很大的危險。只要讓孩子瞭解，不能用教育男孩的方式來教育女孩，同樣也不能用教育女孩的方式來教育男孩。這樣在他們的意識中就會有一個固定的性別角色，他也肯定會以正常的方式對自己的性別角色進行準備。相反地，如果他認為自己的性別可以用某種力量得到改變，那就會產生問題。而且如果父母總是表達出希望改變孩子性別的意思，也會給孩子造成麻煩。

有些父母喜歡把女孩當男孩來教育，或把男孩當女孩來教育。他們讓自己的孩子男扮女裝或女扮男裝來給他們照相。有時人們會以男孩來稱呼一個酷似男孩的女孩，這樣做會為她帶來很大的困擾。當然，這一切都是可以完全避免的。

我們還應該避免貶低女性和主張男性優越的觀念。應該向孩子灌輸男女平等的思想。這是非常重要的，它不僅可以避免女孩自卑情結的產生，也能夠避免對男孩產生不利影響——如果教育男孩認為男性比女性優越，他們很可能把女孩僅僅視為發洩欲望的工具。如果我們能透過教育讓他們知道自己未來應當承擔的責任，他們在看待兩性關係時就不會用那樣醜陋的眼光。

也就是說，真正的性教育不僅僅是向孩子解釋性的生理知識，還要培養他們正確的愛情觀和婚姻觀。這一問題和孩子的社會興趣是密不可分的。如果他沒有足夠的社會興趣，就會對性產生一種玩世不恭的態度，並完全從滿足自我欲望的角度來看待與性有關的事物。這其實也反映了我們文明的缺陷，在這種情況下，女性成為受害者，因為我們的文明對男性更有利，他們更容易發揮主導作用。

但實際上，男性也同樣是受害者，他們會因為這種不切實際的優越感而喪失對最基本價值的關注。

孩子沒有必要過早地接受性生理知識方面的教育。我們完全可以等到孩子開始表現出這方面的好奇心、開始探究這方面情況的時候，再告訴他們。如果孩子非常害羞，不好意思問有關這方面的問題，那麼，如果父母關注孩子的需求，就會知道在一個恰當的時候主動向他們講述這方面的知識；如果孩子把自己的父母當作朋友，他們就會主動問這方面的問題。但是，我們在向他們做出解釋的時候必須用一種可以被孩子所理解的方式，同時要避免帶給他們不必要的刺激或引起他們的性衝動。

我們需要注意的是，如果孩子明顯表現出性早熟，也不必驚慌失措。實際上，在嬰兒出生後的幾週，性發育就已經開始了。嬰兒肯定也有性快樂的體驗，有時他們會故意刺激性敏感區。對於這種情況，我們完全不必大驚小怪。

但是，我們要儘量阻止這種行為。如果孩子發現我們在這件事情上過分憂慮的話，他們就會故意持續這樣做，以此來引起我們的關注。孩子的這種行為往往會讓我們認為他們遇到了性問題，但實際上，他們只是想藉助這個習慣來炫耀自己。大部分兒童都會玩弄自己的性器官，因為他們明白這正是父母們所害怕的行為。這和小孩裝病的心理並沒有分別，因為他們發現，如果他們生病了，就能夠得到更多的關心和照顧。

父母應該避免過於頻繁地親吻和擁抱孩子來刺激他們的身體，這對孩子非常不好，特別是青春期的孩子。同時，我們也不要對孩子進行精神刺激來激發他們的性意識。孩子一般都會在父親的書房裏看到一些具有性挑逗意味的圖片。我們在心理諮詢診所曾遇到很多與此類似的案例。實際上，我們不應該讓孩子接觸那些超越其年齡理解水準的與性有關的東西，也不應該帶孩子去看性方面的電影。

如果我們能避免給孩子這些過早的性刺激，那麼我們就大可不必擔心。我們只需在恰當的時候對孩子進行真實、簡單的解釋，而不是去刺激孩子的身體或性意識。如果我們不想失去孩子的信任的話，千萬不要欺騙孩子，這是很重要的一點。如果父母能夠得到孩子的信任，孩子就會相信父母對於性所做出的解釋，就不會輕易相信同伴在性方面做出的解釋——在我們有關性的知識中，大約有九〇%都來自同齡人。與那些在回答性問題時所運用的各種各樣的託詞和技巧相比，家庭成員之間的合作、信任和朋友般的關係要重要得多。如果孩子有過多或過早的性經歷的話，他們後來往往都會失去對性的興趣。這就是不要讓孩子看到父母做愛的原因所在。如果條件允許，最好不要讓孩子和父母在一個房間睡覺，當然，更不應該睡在同一張床上。兄弟和姐妹最好也不要住在同一個房間。父母應該留意孩子的行為是否得當，也不能忽視外界環境對孩子的影響。

我們在這裏可以看到，孩子的性教育就像其他方面的教育一樣，家庭內部的合作和友愛精神是一個至關重要的因素。有了這種合作精神，有了早期性方面的知識，有了男女平等的觀念，那麼在未來遇到任何危險的時候，孩子都能順利應付。重要的是，他們已做好準備抱著健康的態度去迎接未來的人生。

ADLER

第十三章

教育的失誤

對孩子的教育，家長或教師絕不能有半點灰心喪氣。不能由於自己的努力沒有立刻取得效果而產生絕望的情緒；不能由於孩子垂頭喪氣、萎靡不振和極端地消極、被動而產生挫敗感；同時也不能受到那些關於孩子有無天賦的迷信說法所誘導。

對孩子的教育，家長或教師絕不能有半點灰心喪氣。不能由於自己的努力沒有立刻取得效果而產生絕望的情緒；不能由於孩子垂頭喪氣、萎靡不振和極端地消極、被動而產生挫敗感；同時也不能受到那些關於孩子有無天賦的迷信說法所誘導。

從個體心理學的觀點來看，為了培養孩子的精神意志，要盡可能多給他們勇氣和自信，要讓他們意識到，任何困難都不是無法逾越的鴻溝，而是我們可以設法解決的問題。一分耕耘不一定總意味著一分收穫。

然而，如此之多的成功案例還是可以使那些沒有取得預期結果的努力得到補償。下面我們來看一個透過努力獲得回報的有趣案例。

這個案例是關於一個讀六年級的十二歲男孩。他不僅成績很差，還對此不以為然。他有著不幸的經歷。他由於罹患了佝僂病，一直到三歲才學會走路。三歲快結束的時候，他只能說少量單詞。他媽媽在他四歲時陪他去看了心理醫生，醫生告訴她無法對這個孩子進行矯正。然而，媽媽對此並不相信，她把孩子送到一家兒童指導學校。這孩子在學校取得的進步也十分有限，學校並沒有給他什麼幫助。六歲的時候，他進入學校開始上學了。最初的兩年，因為在家裏受到了額外的輔導，他勉強透過了考試。後來，他又很吃力地讀完了三年級和四年級。

這個男孩在學校和在家裏的情形是這樣的：

在學校，他以極端的懶惰而全校聞名，還總是抱怨自己無法集中精神去聽課。當他被同學們取笑時，也總是表現出一副比他們虛弱的樣子。他還總是認為其他孩子不夠友善，難以與他們相處，所以他也只有一個朋友，而且他很喜歡這個朋友，兩人經常一起散步。老師也經常抱怨，他的數學很差勁，寫作也不好。然而，老師還是相信，他可以像其他孩子一樣把學習成績提高。

從這些過去的經歷和他所能做的一切來看，過去對他的治療很顯然是以一個錯誤的診斷為基礎的。只能說這個男孩是被一種強烈的自卑感也就是自卑情結所困擾。在家裏，他有個很出色的哥哥，在父母看來，哥哥毫不費力就可以順利升入中學。一般父母都喜歡在別人面前誇耀自己的孩子沒付出多少努力就取得了很好的成績，在他們的影響下，他們的孩子也會喜歡這樣的自我吹噓。

其實這個男孩的哥哥只不過是在上課時非常集中注意力，認真聽講，努力記住課堂上所學的東西，這樣他就無需在家裏花費更多的時間來學習，也能取得不錯的成績。而那些上課不認真聽講的孩子不得不付出更多的努力在家裏溫習功課，因此就給人一個是他不費吹灰之力就可以取得好成績的印象。

這個男孩與哥哥之間有如此之大的差異，不得不生活在一種巨大的壓力下。他覺得自己的能力和價值都比哥哥差很多。他的媽媽也許經常會這麼說，尤其是當她對這個男孩感到氣憤的時候。他哥哥可能也會這麼說，還會把他稱作傻瓜或白癡。如果他不服從哥哥，哥哥甚至會拳腳相向。我們可以看到，他過去經歷的結果就是：他認為自己是一個不如別人有價值的人。

似乎現實生活在一定程度上也強化了他的這種看法。同學們嘲笑他，課業上經常出錯，上課也不能集中精神。每個問題都讓他有一種恐懼感。這個孩子在班級和學校沒有歸屬感。最終，毫無疑問，男孩開始相信，他無法擺脫目前所陷入的困境，也開始相信其他人對自己的看法是正確的。

一個孩子如此心灰意冷甚至對未來感到絕望，真是可憐又可悲啊。

當我們試著以一種輕鬆愉快的方式與他交流的時候，我們不難發現他已經對自己失去了信心，這並不是根據他顫抖的身體和蒼白的臉色判斷出來的，而是緣於一個小細節：當我們問他的年齡時（事實上我們明知他十二歲），他會說自己十一歲，這是人們很容易觀察到的。我們不要認為這個錯誤的回答是偶然的。

我們曾經指出，出現這類錯誤是有其內在原因的。如果將孩子過去的生活經歷和他對年齡的回答聯結起來，我們就會發現，他對自己的過去還是念念不忘。因為那個時候他更小、更弱也更需要人們的愛護。

根據已經掌握的事實，我們可以重建他的人格系統。這個男孩並不想完成他這個年齡段有能力完成的任務，並以此獲得肯定和認可。他認為自己不如其他孩子發展得全面，並堅信自己在與別人的競爭中不會取勝。他堅信自己不如別人，並盡可能地使自己的所有活動符合自己的這種想法。他的回答雖然是十一歲，但在某些情況下，他的行為卻無異於一個五歲的孩子。

這個男孩在白天也會尿床，甚至無法控制自己的大便。據研究，只有在一個孩子覺得自己還是個嬰兒或把自己想像為一個嬰兒的時候，這種情況才會出現。這也是我們觀點的證據之一，即這個男孩對自己的過去戀戀不忘，如果有可能的話，他就會回到過去。

在小男孩降生之前，他家裏有一個保姆。保姆對男孩非常好，一有機會，保姆就代替媽媽來照顧他。我們知道男孩過去是如何生活的，知道他早晨賴床不肯早起，起床的時候需要花費很長時間，家人也是帶著厭惡的表情對此進行描述的。所以，我們可以得出這樣的結論：這個孩子也不願意上學。對於一個無法和同學和睦相處、覺得自己一無是處並因此充滿壓抑情緒的孩子來說，是不可能喜歡上學的。

然而，他的保姆卻說他想上學。實際上，如果他不生病，他是不會請求上學的。這至少和我們上面的判斷是一致的。但是，應該如何對「保姆卻說他想上學」這個問題做出解釋呢？實際上，答案很簡單，也很有趣：在孩子生病的時候，他就可以說自己想上學，因為保姆會這樣回答他：「你生病了，是不能去上學的。」他的家人當然無法明白這種表面上的矛盾，所以更不知道該怎麼應對。他的保姆自然也不知道這個男孩的真正想法是什麼，所以才以為他真的想上學。

由於前不久發生的事情，家長才把孩子送到我們診所來接受治療。這個男孩竟然用保姆的錢去買糖果吃。這說明他還會做出小孩子的舉動，拿錢去買糖是非常幼稚的行為。只有年齡很小的孩子才會做出這樣的舉動，因為對糖果的渴望並不受他們的控制，同時他們也無法控制自己的身體機能。

在心理學上這種行為蘊含的意義就是：「你必須照顧我，要不然我就會調皮搗蛋。」這男孩不停地這麼做，以此來獲取人們對自己的關注，因為他對自己缺乏信心。如果我們把他在家裏和在學校的情況進行一下對比，很容易就可以看到兩者之間的關聯。在家裏，他能透過各種手段引起人們的關注，然而在學校，他的這種願望卻不能實現。但是，誰又能矯正孩子的行為呢？

這個孩子在沒送到我們診所的時候，人們都覺得他是個落後、自卑的孩子。然而，我們至少不應該把他歸入這一類。他非常正常，如果他能獲得自信，班上其他同學能做到的一切他同樣也能做到。他總是以一種悲觀消極的態度來對待每件事，在還沒有付出努力之前，就認為自己已經失敗了。從他的行為舉止中，可以看到他極為沒自信，教師的評語也是一個很好的佐證：「不能集中精神，記憶力差，沒有朋友等等。」他的沒自信和消沉的態度是如此明顯，任何人都可以看出來。處於如此不利的境地之中，他對自己的定位已經很難改變了。

當他填完個體心理學問卷之後，我們和他又進行了溝通。除了這個男孩之外，我們還和與他有關的人進行了交談。首先是他的母親，這位母親早已對他感到非常失望，只想讓他勉強讀完所學的課程，然後隨便找個工作；接下來與我們交談的是總是蔑視他的哥哥，他哥哥的態度和他媽媽的態度如出一轍。

後來我們問這個男孩：「你長大後想做什麼？」對於這個問題，男孩沉默了許久也沒回答我們。這一點很重要，一個接近成年的人卻不知道自己將來想要做什麼，這多少有點問題。當然了，很多人長大成人之後所從事的並非孩提時候所渴望的職業，然而，這是無關緊要的。至少，這些人曾對這種職業抱有幻想和希望。在孩提時代，他們想從事司機、警衛和樂隊指揮等他們親眼見到過的並自認為具有無窮魅力的職業。但是，對於一個沒有實際目標的孩子來說，我們可以認為他還沒有把注意力從過去轉移到未來。也就是說，他們迴避未來，迴避所有有關未來的話題。

這似乎與個體心理學的一個基本原則並不相符。我們不是一再強調所有兒童都有一種追求優越感的心理嗎？我們不是想要說明所有的孩子都想發展自己、使自己變得更強大、想獲得成功嗎？而我們面對的這個孩子所希望的卻是後退，希望自己變得弱小，希望得到他人的照顧和幫助。對於這一現象我們又該作何解釋呢？

事實上，精神世界的發展並不是直線進行的，它的背景極為複雜。假如我們從複雜的案例中得出的結論非常簡單和天真的話，我們就總會出錯。任何一個複雜的案例都有可能呈現出讓人迷惑的一面，事物也會因此走向其相反的方向。至於這裏所說的男孩，他不去尋求向前發展、追求優越性，反而渴望回到過去，他認為這樣才可以讓自己變得強大並獲得一種安全感。如果對這個孩子的整體情況缺乏深入的瞭解，這種現象會讓人感到費解。然而事實上，這類孩子的做法也存在著某些合理之處，儘管這種合理性有點荒唐。這類孩子在幼年弱小無助的時候其實擁有強大的支配力。既然這個男孩缺乏自信，認為自己什麼事都做不好，那麼，我們還能期望他願意面對未來並努力奮鬥嗎？

所以，他除了在人們不抱希望、不作要求的非常有限範圍內活動外，已經不會在別的範圍活動了。由此可見，他只能在十分有限的範圍內渴望得到他人的認可，這種認可就像他在弱小無助、依賴他人時獲得的一樣。

讓我們感到棘手的對象除了男孩的老師、媽媽和哥哥之外，還有他的父親和他的老師。這樣的諮詢工作需要花費很大精力，然而，一旦我們得到了教師的幫助，事情就會變得很容易。這雖然是可能的，但卻並不簡單。許多教師思想守舊、墨守陳規，心理分析在他們看來是一種有點另類的東西。其中也有的教師擔心心理分析會減少他們的部分權利，或認為心理分析是一種不正當的手段。

當然事實並非如此。心理學是一門科學，它不是短時間內就能掌握的，而是要經過長期的研究和實踐。但是，如果以一種錯誤的態度來看待心理學，那麼心理學對人們來說也不會產生多大價值。

寬容對教育來說是一種非常必要的特質，這一點是很重要的。以一種開放的態度來對待新興的心理學觀點是很明智的，即使這些觀點和我們現在的見解存在著某些分歧。就今天的情況來看，我們也無權對教師的觀點給予斷然的否定。

那麼，在這種情況下，怎樣來解決這個男孩的問題呢？

依據我們的經驗，有效的方法只能是讓這個孩子走出所處的困境，換句話說就是安排這個小孩轉學。這樣的處理方式不會對任何人造成傷害。不會有人知道究竟發生了什麼，但這樣做卻可以使孩子擺脫一個沉重的負擔。他進入新的學校學習，一切對他來說都是陌生的，他大可不必擔心遭受別人的嘲諷和鄙視。但實際需要怎麼操作，並不容易解釋清楚。這與家庭環境有著密切的關係。對於不同的案例，處理的方式也會有所不同。然而，如果大部分教師都能對個體心理學有所瞭解，那麼在處理這種孩子的問題時就會更容易一些，因為他們會以一種理解的心態來對待這種案例，並能夠提供相應的幫助。

ADLER

第十四章

對父母的教育

在我們的時代，對兒童的教育觀念、教育方法會不斷更新。在科學的引領下，陳舊的教育習俗和傳統正在被逐漸破除。這些新知識使教師的責任變得更為重要，也使他們對兒童的問題有了更加深入的理解，同時也賦予他們更多的能力去幫助這些孩子。重要的是，我們要記住個體的行為如果脫離了整體的人格就會喪失其意義，我們只有連結整個人格，才能對個體行為進行更深入的研究。

之前已多次指出，此書專門為家長和教師而寫。他們可以從書中對孩子心理生活的新見解中獲益。在之前的文章中，我們並沒有注意孩子的成長和教育是受父母還是教師的影響，只在意孩子能否獲得良好的教育。這裏的教育當然不是指學校課程的教育，而是指人格發展，這比課程教育更重要。雖然現在的父母和教師都對教育工作有著不可忽視的作用，父母可以糾正學校教育的不足，教師則可以彌補家庭教育的缺陷，但是在現實社會中，城市孩子的教育工作往往是由教師承擔。教師教育孩子是他們的職業興趣和職責所在，相比之下，父母對新的觀念並不敏感。在個體心理學中，把孩子為明天做好準備的希望主要寄託在學校和教師的改變上，儘管家長的配合也是不可缺少的。

教師和家長在教育工作中會不可避免地發生衝突。很主要的一個原因是教師的糾正性教育工作緣於家長教育的不成功。這一點上，教師的教育很容易被家長認為是對他們的指控。在這種情況下教師應該如何與家長相處呢？

接下來就來討論這個問題。這種討論應該是站在教師的立場來進行的，因為教師需要把處理與家長的關係作為一種心理問題。當家長看到下面的討論，請不要不滿，這裏並無冒犯之意，這種討論只用於那些不明智的家長，這些家長是教師一定要面對的普遍現象。

很多教師反應，和問題兒童打交道反而比與問題兒童的家長打交道更容易。很多經驗顯示，和這些家長打交道需要教師採用一定的策略。教師必須首先知道孩子的家長並不需要為孩子所有問題負責。畢竟，在教育孩子方面他們並不專業，通常也只能按照傳統方式來管教孩子。如果因為孩子的問題被老師叫到學校，會讓他們感到自己像是被指控的罪犯。這也能從他們內疚的心理上反映出來，所以需要教師運用策略來處理。教師應該設法地把家長的這種情緒向友善、坦率的方向發展，使自己以一個善意的幫助者的角色出現在他們面前。

我們即使有充足的理由也絕不應該指責家長。如果我們能和家長協商一致，使他們的態度有所改變，並讓他們能遵從我們的方法來做事，那麼我們在教育上會更容易取得成就。直接指出他們過去的錯誤，這於事無補。讓他們採納新的方法才是我們所要做的。居高臨下地指出他這裏不對、那裏也不對，只會得罪他們，使他們不願配合我們。冰凍三尺非一日之寒，孩子變壞也有一個歷史過程。家長通常也會意識到他們在對孩子的管教中忽視了什麼，但千萬不能讓他們察覺我們也這樣認為。切記不可教條地和他們說話，即便是提建議，也不應該用命令的語氣，而是儘量用「可能」、「也許」或「你可以嘗試一下」等建議性的口吻。即便是我們知道他們錯的地方和原因，我們也不能貿然指出，讓他們有種被人強迫去做的感覺。這並不是要求每個教師都能運用這些策略，也不是說這些很快就能被掌握。有意思的是，富蘭克林曾在自己的自傳中表達過相同的想法。他寫道：

「一個很友善的貴格會教派的朋友曾告訴我：很多人都認為我高傲自大，尤其是在談話時表現得更加明顯，在對某些問題的爭辯上我經常流露出盛氣凌人、飛揚跋扈的姿態。他還舉出可以證明我驕傲的許多例子。因此，我下定決心要努力改掉這種毛病，摒棄這種愚蠢的品性。當然我還有其他的毛病，這只不過是其中之一。所以，我在自己的道德清單上增加了一條謙卑的要求，這裏我指的是廣義上的謙卑。

「我不敢說自己已經真正擁有了謙卑的美德，但我已經努力做出謙卑的樣子。我約束自己絕不正面對抗別人的觀點，也絕不直接肯定自己的觀點。甚至在我的強迫下，我開始認可我們圈子中的古老信條，在表達一個確定的觀點時儘量不去使用『肯定』、『當然』、『我贊同』或『毋庸置疑』等詞語，而是要使用『我認為』、『我是這樣理解的』、『我想這可能就是事情的真相』或『目前在我看來』。當有人提出一個我們認為是錯誤的見解時，我並不給予直接的反駁，並不直截了當地指出他們觀點中錯誤的地方，而是說『在某些情況下他的看法存在著合理之處，然而，我認為當前的情況似乎有點不同』等等。我發現這種改變很快就帶來了益處。我可以和他人更愉快地交談了。我以這種謙卑方式提出的觀點，也更容易被人們所認同，同時也遭到更少的反對，就算自己的觀點是錯的，也不至於羞愧難當；如果自己剛好是正確的，別人也更容易被我說服而站在我這一邊。

「我最初這樣謙卑地與人相處時，不得不壓抑自己的性格傾向。但是，時間長了之後就會習慣成自然。這也許就是我為什麼五十年來未曾說過一句教條式話語的原因。早年間，我曾提議建立新制度或對舊制度進行改造，這曾對民眾產生很大的影響。後來在我擔任議員時，也曾對議會產生重大影響，這些全部都得益於這種謙卑的品德（當然更得益於我的真誠和正直）。事實上，我並沒有什麼演說技巧，更不會滔滔雄辯，我也很猶豫該如何遣詞造句，我的表達也不是很準確，然而，人們通常還是會認同我的觀點。

「事實上，在人的自然情感中最難克制的就是驕傲。雖然我們試圖掩蓋它，和它戰鬥，打敗它，阻止它，克制它，但卻無法將它消除，它隨時都會表現出來，在歷史中我們可以經常看到它。甚至就算我們以為自己徹底克服了驕傲的情緒，我們也可能為自己現在的謙卑而感到驕傲。」

當然，這一觀點並不適合所有人的生活。我們不能期望或要求別人和我們一樣。然而，富蘭克林的話還是可以說明，這種盛氣凌人、總想置人於死地的做法是多麼地不合時宜、沒有成效。適合生活中一切情景的基本規律根本就不存在。如果一個規則超出了自身的限度，就會失去效力。的確，生活中的某些見地是需要措辭激烈一些的。然而，如果我們考慮到教師和已經感到羞辱並為自己的問題孩子而憂心如焚的家長的情況，如果我們考慮到在家長不合作的情況下我們將無所作為，那麼，為了解決這個孩子所遇到的困難，我們必然要採取富蘭克林的方法。

在這種情況下，完全沒有必要去證明誰正確或顯示自己的優越，關鍵是找出一個有效的方法來幫助孩子。當然，其中肯定會遇到很多困難。許多家長都不願聽取別人的任何建議。他們會感到驚奇、憤怒、不耐煩，甚至會產生敵意，因為教師把他們和他們的孩子置於這樣一種令人不快的境地。有時候，這種家長對自己孩子的毛病會視若無睹、得過且過。然而他們現在卻不得不睜開自己的雙眼，這當然不會是一個令人愉快的過程。所以，可以想像，當教師過於急切地向家長報告孩子的毛病時，他們當然不會得到家長的支持。更有甚者，他們對教師大發雷霆，給人一種拒人於千里之外的感覺。這時，最好告訴這些家長，教師的教育若想取得成功，必須依賴於他們的配合、合作，使他們能夠平心靜氣地和教師進行交流。我們要記住，家長過於墨守成規，當然不能一下子從中解脫出來。

假如一個家長已經習慣了用嚴厲的批評和嚴肅的表情使孩子失去信心，那麼，在十年之後他不可能發生突然改變，轉而使用一種友善、仁慈的態度和方式。需要注意的是，就算這位父親的態度發生了突然的改變，起初在孩子看來，這種變化也未必是真實的。他會認為這是一種假象，要經過很長時間，孩子才肯相信父親這種態度轉變的真實性。對高級知識份子來說也同樣如此。有一位中學校長曾不斷地對自己的兒子橫加指責和批評，幾乎把孩子逼到了崩潰的邊緣。在和我們的交流中，這位校長也意識到了這一點。他回家以後，對自己的孩子進行了一番刻薄的教育演說。然而，由於孩子的惰性太強，他又開始變得不耐煩起來，開始大發脾氣。一旦父親對孩子的舉動感到不滿，就會對孩子發脾氣，進行嚴厲的批評。如果對於一個自認為是教育者的校長來說，這種事情都可能會發生，那麼如何期待一個一直浸染在「應該用皮鞭去懲罰孩子所犯的每個錯誤」教條中的普通家長轉變思想？和孩子家長交流時，教師應該學會運用委婉而富有技巧的方法和措辭。

我們要知道，在底層社會中大部分兒童都是在皮鞭下長大的。所以，來自這些階層的孩子在學校接受矯治談話之後，回到家中還要面對家長的皮鞭。一想到我們的教育努力常常會因為家長的皮鞭而前功盡棄，我們就不免感到無盡的悲哀。在這種情況下，孩子所犯的同一個錯誤經常要受到兩次懲罰，而在我們看來，一次就已經足夠了。

我們知道，這種雙重懲罰所造成的後果是很可怕的。如果一個孩子必須把自己糟糕的成績單交給父母，他會因為害怕受到父母的鞭打而不願意讓他們看到成績單，但他也害怕學校的管理制度，因此，他會選擇翹課或偽造家長的簽字。對這些看似無關緊要的事情，我們千萬不可掉以輕心。我們要考慮孩子的實際處境來處理他們的問題。我們要捫心自問：如果我們固執己見，會導致什麼樣的後果？會促使孩子做出什麼樣的行為？我們能確信我們的做法會給孩子帶來積極有益的影響嗎？孩子能承受我們給他們的負擔嗎？他能富有建設性地學習嗎？

我們知道，在面對困難時，孩子和成人的反應有著巨大的差異。在教育孩子時，我們要認真、謹慎地對待，在我們對他們的生活模式進行重塑之前，我們要以冷靜、客觀的頭腦探討其可能產生的結果。如果對孩子的教育和再教育缺乏深刻的思考和理性的判斷，我們就無法明確地控制自己教育的效果。對教育工作者來說，實踐和勇氣是兩個不可或缺的基本要素，無論發生什麼情況，總能找到辦法來挽救問題兒童。首先，我們要遵循「越早越好」這條古老而有見地的法則。我們不能呆板地看待孩子的缺點，而應該將其視為孩子整體中的一部分，這樣對於幫助孩子改正缺點才更有好處。

在我們的時代，對兒童的教育觀念、教育方法會不斷更新。在科學的引領下，陳舊的教育習俗和傳統正在被逐漸破除。這些新知識使教師的責任變得更為重要，也使他們對兒童的問題有了更加深入的理解，同時也賦予他們更多的能力去幫助這些孩子。重要的是，我們要記住個體的行為如果脫離了整體的人格就會喪失其意義，我們只有結合整個人格，才能對個體行為進行更深入的研究。

附錄一：個體心理問卷

用於診斷和矯治問題兒童，由國際個體心理學家學會擬定

一、引起問題的原因是什麼時候出現的？當第一次發現問題的時候，他所處的情境如何（心理的或其他的）？

與此相關的重要情境有：周圍環境的變化，開始上學，家庭中有其他孩子誕生如弟弟或妹妹，學校中的失敗和挫折，生病，父母離婚，父母再婚，父母死亡等等。

二、在問題出現之前，是否存在一些特殊的心理或生理缺陷？例如在吃飯、穿衣、洗澡或睡覺的時候會害怕、粗心、拘束、笨拙、嫉妒、羨慕和依賴他人等。孩子是否懼怕獨處或黑暗？是否瞭解自己的性別角色？是否瞭解第一性徵、第二性徵或第三性徵？怎樣看待異性？對自己的性別角色有深刻的理解嗎？是不是繼子？是不是在正常的階段學會說話或走路？學說話和走路是否存在困難？在學習閱讀、繪畫、唱歌或游泳時有沒有明顯的困難？是不是對父親、母親、祖父母或者保姆有一種特別的依戀？

我們有必要注意孩子是否自卑、是否對環境極為敏感或充滿敵意、是否以自我為中心，是否習慣於逃避困難等。

三、孩子是否會製造許多麻煩？他最懼怕的是什麼？最害怕的人是誰？是否會在夜間哭喊？會不會尿床？有沒有支配弱小者或強壯者的傾向？有沒有和父母同睡一張床的強烈要求？其舉止是否顯得笨拙？是否患過佝僂病？他的智力程度如何？是否經常會遭人挑逗和嘲笑？在髮型、衣飾等方面是否愛慕虛榮？有沒有咬指甲或挖鼻孔的習慣？吃東西時是否表現得十分貪婪？

瞭解他是否滿懷信心地追求優越感，瞭解他的固執有沒有阻礙他行動的動力，這對我們來說將會有很大的啟發意義。

四、孩子是否輕輕鬆鬆就可以交到朋友？對人對動物是否存有愛心、是否寬容，或是否騷擾和折磨他（牠）們？喜不喜歡收藏或貯存？會不會吝嗇和貪婪？有沒有領導和指揮他人的意願？有沒有自我孤立的傾向？

這些問題與兒童的人際交往能力及其自信程度密切相關。

五、根據以上問題，家長可以分析兒童目前的狀況如何，他在學校有何舉動？他是否喜歡學校？他會遲到嗎？上學前有沒有激動的情緒？上學是否很倉促的樣子？是不是經常遺失書本、書包和作業簿等文具？在做作業或考試前，他會不會感到緊張？是否會忘記做作業，或是否拒絕做作業？會不會浪費時間？會不會懶惰？注意力有沒有不集中？會不會擾亂課堂？他怎樣評價老師？他對老師的態度是批評、傲慢還是冷漠？在學習上他是主動請求別人幫助，還是被動等待？他在體操和別的方面是否有雄心？他認為自己的天賦如何，相對較低還是根本就沒有天賦？他閱讀的領域廣泛嗎？他喜歡哪種文學形式？

這些問題幫助我們理解孩子對學校生活所做的準備，幫助我們瞭解他們經歷「學校新情境測試」的結果及其在困難面前的態度。

六、我們還應瞭解有關孩子家庭的正確資訊，其中包括家庭成員的身體狀況，有沒有酗酒的習慣，是否有犯罪傾向，是否體弱，是否患有神經疾病、梅毒和癲癇病等等。是否有家庭成員死亡？在孩子幾歲的時候發生的死亡？家庭的氣氛如何？家庭教育是不是很嚴厲？家庭成員對他是滿腹抱怨、挑剔還是過於溺愛？有沒有使孩子恐懼生活的不良家庭影響？對孩子的監管情況如何？

我們可以從孩子的家庭環境出發考察孩子所受到的影響。

七、我們要考慮到孩子的出生情況：他是家裏的長子、次子、么子、唯一的男孩還是唯一的女孩？孩子之間是否存在競爭？是否經常哭鬧？有沒有惡意的嘲笑？孩子有沒有貶低他人的強烈傾向？

透過這些問題我們可以瞭解孩子的性格，瞭解孩子對他人的態度。

八、孩子有沒有形成職業的觀念？他對待婚姻的態度如何？家庭其他成員從事的是什麼職業？父母的婚姻生活怎麼樣？

透過這些問題，我們可以發現孩子對未來是否充滿信心和勇氣。

九、他最喜歡哪項運動？他最喜歡的故事、歷史人物和文學形象是什麼？會不會在別人進行遊戲時搞破壞？是否喜歡冷靜地思考？是否愛做白日夢？

透過這些問題可以看出他在生活中是否有扮演英雄角色的傾向。如果沒有這種傾向的話就可認為他缺乏信心和勇氣。

十、孩子有什麼早期的記憶？是否對一些諸如飛行、墜落、無力和趕不上火車的夢有很深的印象，或是經常會做諸如此類的夢？是否做一些與性有關的夢？

透過這些問題我們可以瞭解他會不會有孤立封閉的傾向，是否被警示要小心，是否充滿雄心壯志，是否對特定的人或生活有所偏愛等等。

十一、孩子在哪些方面表現得缺乏信心？他有沒有覺得自己被忽視了？別人對他的誇獎他是否會積極應對？他有沒有迷信的觀念？會不會經常迴避困難？是否嘗試過許多事情但最終都是淺嘗輒止？他對未來有沒有計畫？會不會相信天賦和遺傳的不良影響？他所處的環境是否會讓他心灰意冷？他對生活是否持有悲觀的態度？

透過這些問題我們可以確定孩子有沒有失去自信心，有沒有走上一條錯誤的道路。

十二、孩子是不是愛耍小聰明？是否有做鬼臉、裝傻、任性、出洋相等壞習慣？

為了引起別人的關注，孩子在這些方面會表現出些許的勇氣。

十三、他有沒有言語缺陷？相貌是不是醜陋？有沒有畸形足？膝蓋是否內扣？身材是否矮小？是否特別肥胖或高挑？身材比例是否協調？眼睛或耳朵有沒有異常？反應是否遲鈍？是不是左撇子？夜間會不會打呼？是否特別愛漂亮？

孩子們往往會誇大上述的這些不足和缺陷，並因此喪失自信和勇氣。即使是那些擁有漂亮外表的孩子也會經常在成長中出現問題，因為在他們看起來不需要付出就能得到許多東西。這種孩子會失去很多為生活做準備的機會。

十四、他會不會經常說自己能力不足，在讀書、工作和生活方面「缺乏天賦」？是否出現過自殺的想法？他的失敗和闖禍行為之間有沒有時間上的關聯？是不是太在意表面上的成功？是低聲下氣、執拗頑固還是桀驁不馴？

如果出現上述問題，說明他非常氣餒，這種情緒在孩子徒勞地消除自己的問題之後會更加凸顯。他之所以會失敗，部分原因是他的努力沒有得到回報，另外是他對與他接觸的人缺乏瞭解。但是，他自己對優越感的渴求總要得到滿足，所以他將注意力轉向了那些容易的事情上。

十五、找出孩子獲得成功的事例。

我們從這些積極表現中能得到重要的啟示。因為孩子在成功中表現出來的興趣、傾向和準備性很可能指向完全相反的方向，這種方向和孩子至今所走的方向是不同的。

在實際操作中，不能以一種固定不變的或程式化的順序來提出上面的這些問題，而應該建設性地透過談話自然而然地提出。藉由上述這些問題，我們能夠正確地理解和把握孩子的個性。我們將會發現，錯誤不是得到辯護而變得合理化，而是變得可以認知和理解了。在向孩子解釋他們在問卷中暴露出來的問題時，我們應該採取寬容的態度，而不是威懾孩子或大加指責。

附錄二：五個孩子的案例及其評論

案例一

這個案例的主人公是一個十五歲的獨生男孩。他的父母都辛勤地工作，可以稱得上是一個小康之家。父母給予孩子無微不至的關懷，孩子也健康地成長。所以，孩子度過了比較快樂的童年生活。他的媽媽人很好，心地善良，敏感易哭。媽媽在談到有關自己孩子的事情時總是很吃力，斷斷續續的。我們對孩子的爸爸還缺乏一定的瞭解。在他媽媽的描述中，他是一個誠實、自信且精力旺盛的人，熱愛家庭。在孩子很小的時候，如果孩子不聽話，他爸爸就會這樣說：「如果我們不消除他的意志，將來他就會肆無忌憚。」

所謂「消除他的意志」並不是對孩子循循善誘，而是一旦孩子做了錯事，他就鞭打孩子。這樣，孩子很小的時候就有了強烈的反抗意識，他想成為家裏的主人就是這種意識的一種表現，這種想要支配整個家庭的欲望在被寵壞的獨生子中經常可以看到。這男孩很小的時候就表現出一種強烈的不服從傾向，並形成了拒絕順從的習慣。只要父親不拿起手中的皮鞭，他就絕不服從。

我們在這裏有必要瞭解一下孩子最突出的行為習慣——撒謊。他透過撒謊來逃避父親的責打。引起他媽媽抱怨的也正是這一點。現在，這個男孩已經十五歲了，他的父母卻依然無法確定孩子是否在撒謊。

我們透過進一步的瞭解得知，孩子有段時間曾在一所教會學校讀書，那裏的教師也抱怨孩子不服管教，擾亂教學秩序。例如，老師不是對他提問，他卻大聲回答；在老師上課的時候，他會突然打斷老師並提出自己的問題；上課時候和同學大聲說話。他的作業字跡太潦草，難以辨認。他還是左撇子。最後，他的行為越來越過火，他越擔心父親懲罰他，就越是撒謊。他的父親一開始還想讓他留在學校繼續他的學業，然而後來只能把他領回家，因為他的老師覺得他已經無藥可救。

這個孩子很活躍，智力也沒有異常。他讀完公立學校後，要參加中學入學考試。考完試後，他對在考場外焦急等待的媽媽說自己能夠通過這次考試。家人很興奮，夏天還一起去鄉村度假。後來，學校開學的時間到了。孩子經常說起中學發生的事情。他每天早上背著書包去上學，中午回家吃午飯。

然而，有一天中午他去上學，他媽媽陪他走了一段，她聽到有個人說：「這孩子不就是早晨為我帶路去車站的那個嗎？」她於是問孩子那個人說的話是什麼意思，問他上午是不是沒去學校。這孩子回答說，學校十點鐘就放學了，在回家的路上那個人向他詢問去火車站的路，他於是就帶他去了。對這種解釋他的媽媽表示懷疑，並把這件事告訴了他爸爸。他爸爸決定第二天陪他一同去學校。在路上，他爸爸一再詢問他，後來才發現孩子並沒有通過入學考試，他竟然從來都沒去過學校，只是一直在街上閒逛罷了。

後來，家裏請來了家庭教師給他，孩子最終也通過了入學考試。然而，他的行為卻沒有一點改善。他依舊擾亂教學秩序，還開始偷竊。他偷了媽媽的錢，卻死不承認，直到家人威脅要把他交給員警處理，他才將實情和盤托出。接下來，這個案例演變為一齣忽視孩子教育的悲劇。這個曾經驕傲地認為自己的孩子充滿意志的爸爸，現在對孩子不抱任何希望。而對這個孩子來說，他得到的結果則是：家人不再理他，不和他說話，也不再管他。他的父母也聲稱以後任其自生自滅。

當問媽媽孩子從什麼時候開始出現問題時，她回答說：「從出生的時候。」他媽媽的言外之意就是，既然父母嘗試了各種各樣的方法都沒能教育好這個孩子，那麼這個孩子的不良品行就一定是與生俱來的。

他在嬰兒時期就表現得十分不安，總是不停地嚎哭，但在醫生眼中，這個孩子很正常，也很健康。

這並不是表面上那麼簡單。嬰兒哭泣本身並沒有什麼大不了的，但導致孩子哭泣的原因則是各式各樣的。在這個案例中，男孩是家裏的獨生子，他母親也缺乏養育方面的經驗。孩子之所以哭泣，通常是由於他尿濕了，他媽媽卻沒有及時地意識到這一點，而以為他餓了，於是跑到孩子身邊把他抱起來，餵他東西吃。她本應該找出孩子為什麼會哭泣，為他換一個尿布，讓他感到不再難受，就不用再管他了。這樣的話，孩子自然就不會再繼續哭泣了，更不會像現在這樣對他造成不良的影響。

他媽媽說這孩子在學習說話和走路時候也沒遇到什麼困難，很輕鬆就都學會了，牙齒發育得也很正常。孩子雖然經常會毀壞玩具，但這並不一定意味著孩子性格不好。這個孩子的媽媽說：「他根本不能獨自玩耍，哪怕一下子都不行。」這句話值得我們注意。媽媽應該怎樣訓練孩子獨自玩耍呢？唯一的方法就是強行讓他單獨玩。要讓孩子離開成年人的干預而學會獨處。我們懷疑這個母親從來都沒有過這方面的嘗試，她的一些話也證明了我們的這個判斷。例如，她總是為孩子操碎了心，孩子也總是對她很依戀等等。這是孩子最初渴望得到母親寵愛的表現，也是他心靈的最早印跡。

「我們從來都沒給孩子獨處的機會。」

他媽媽這樣說，這顯然是一種自我辯護。

「他從未一個人獨處過，甚至在今天，他也不願獨自一個人待著，夜間就更不可能獨處了。」

這同時也能表現孩子對她的依賴程度之高。

「他無所畏懼，更不知道害怕為何物。」

這似乎不符合心理常識，也與我們的心理發現相矛盾。經過深入的考察，我們可以看到，這孩子從來都沒有獨處過，所以，他完全沒必要害怕，因為對這樣的孩子來說，害怕就是迫使他人和他在一起的途徑。這樣，他也沒有必要恐懼，孩子在獨處時就會表現出一種害怕的情緒。下面的一個陳述看起來似乎也有些矛盾。

他對爸爸的鞭子有一種特別的恐懼感。以此看來，他確實也有感到恐懼的時候。但是，鞭打結束後，他很快就會遺忘，重新變得快樂起來，就算有時候他會遭受更為嚴厲的鞭打。

在此我們可以看到一種可悲的對比：媽媽對孩子處處忍讓、遷就，而爸爸卻異常嚴厲，試圖矯正媽媽過於軟弱的一面。然而爸爸的嚴厲苛刻卻讓孩子越來越嚮往和媽媽在一起。換句話說，孩子會轉向寵愛、縱容他的那個人，轉向那個可以讓他不用付出就能得到的人。

孩子六歲時在教會學校念書，這時他受到教士的監護。此時就已經有人開始反映這孩子的調皮、不安分和注意力不集中，這些抱怨大部分針對的都是孩子的行為，而不是他的學業。其中他的不安分和調皮顯得格外突出。如果孩子想讓人們注意他，還有什麼比調皮搗蛋更好的辦法呢？

這個孩子渴望受到關注。對於媽媽的關注他已經非常習慣了，現在，他進入更為複雜的環境——學校，他同樣也希望新成員可以關注他。教師對孩子的真正意圖並不理解，只是一味地對孩子進行批評和懲罰，希望以此來使他「改邪歸正」，成為教師眼中所期望的人。孩子不得不為自己這樣的舉動付出代價，然而，他早已經習以為常了。他在家裏受到爸爸嚴厲的打罵，讀書的時候也是如此，可是他卻依然我行我素。這樣的話，我們怎麼能期望孩子在學校所允許的溫和懲罰下有所改變呢？這種可能性太小了。當孩子來到學校學習時，他希望自己依然能獲得關注，並將其作為一種補償。

他父母告訴他，為了班級同學們能正常學習，他必須在課堂上保持安靜，父母試圖透過這些叮囑使孩子不再調皮。當聽到這些陳詞濫調時，我們不禁懷疑這對父母是否擁有健全的常識。實際上，孩子和成人一樣會有一個基本的判斷，知道哪些是對的，哪些是錯的。然而，孩子的注意力卻不在於此，他想成為關注的中心，但保持安靜是無法做到這一點的，而透過加倍的努力來獲得關注又困難重重。一旦意識到他為自己設定的這種目標，我們就可以對他的行為做出合理的解釋了。很明顯，他爸爸的鞭打只能讓他暫時安靜下來。但是，他媽媽說，一旦他爸爸離開，孩子就依然如故。其實鞭打和懲罰只是讓他的這種追求暫時中斷了，其效果絕對不會持續很久。

「他總是無法控制自己的情緒。」

對那些渴望得到他人關注的孩子來說，發脾氣顯然是一種不錯的選擇。我們知道，人們通常會認為發脾氣是達到目的的一種便捷手段，這種情緒也是由這個目的所決定的。例如，在沙發上安安靜靜的孩子並不會發脾氣。只有那些渴望得到他人關注的孩子，如本案例中的這個男孩，才會發脾氣。

這個孩子不斷地把家裏的東西拿到學校，換成錢，然後和一群朋友一起消費、娛樂。他的父母得知後，每天在他離家之前都要搜他的身。他無奈之下只能選擇放棄這種行為，但立即又沉溺於搞惡作劇和擾亂課堂秩序。如果沒有他父親的嚴厲責罰，他用家裏東西換錢的惡習也很難改掉。

對於他為什麼熱衷於惡作劇，這也可歸因於他渴望受到關注的欲望，因為這樣做會遭到老師的懲罰，從而顯示自己對學校制度的挑釁。

「他的這種惡劣行為後來逐漸減少了，但仍會不定時地發作，一如既往，最終學校把他開除了。」

由此我們之前所說的觀點也可以得到證實。這個孩子努力獲取別人的認可，在此過程中自然存在許多困難，他自己對此也有所認識。除此之外，如果考慮到他還是個左撇子，我們對他可能會有更深的認識。不難想像，就算他要逃避各種困難，也總是躲不過去，更缺乏克服困難的勇氣和信心。

然而，他越是信心不足，就越是想證明自己值得關注。他不能停止惡作劇，直到校方忍無可忍將他開除。如果學校的目的只是不讓一個調皮鬼打擾其他孩子的學習，那麼，學校只能把他開除，這似乎有一定的合理性。但是，如果教育的真正目的在於矯正孩子的錯誤，那麼開除就是不可取的了。孩子在家中既然很容易成為母親關注的中心，那他就不必在學校用功學習了。

值得注意的是，某位教師提議將這個孩子送到一個兒童矯治之家，那裏的管理比學校嚴格得多，但這種做法仍未取得任何效果。他的父母依舊是孩子的主要監護人。孩子每到週日都會回家一次，他對此感到很高興。然而，就算兒童矯治之家不讓他回去，他絲毫也不感到沮喪。這理解起來並不困難，他想表現得像個英雄，也希望別人把他當作英雄來看。對於遭受鞭打他並不十分介意，無論多麼難以接受，他總是控制住自己，不讓自己哭出來，不想丟掉男子漢的氣概。

「他的學習成績並不是很糟糕，因為家裏總有家庭教師教他。」

由此我們可以發現，他缺乏獨立性。老師認為，這個孩子如果肯安安靜靜地認真讀書，會得到更好的成績。我們相信這孩子能取得好成績，因為除了智力方面有問題的孩子，其他孩子都能取得好的學習成績。

「他沒有繪畫的天賦。」

這很重要，因為透過這種陳述我們可以看出，他右手的笨拙並沒有被完全克服。

「他體操很好。他學習游泳也很快，並且不害怕危險。」

這表明他的勇氣並沒有徹底喪失，他只是把自己的勇氣用在那些不重要的事情上，因為他認為這些事情更加容易，而且肯定也能獲得成功。

「他從不知道害羞，他會把自己的想法告訴任何人，不管對方是學校的警衛，還是學校的校長，雖然他曾多次被警告不要如此魯莽冒失。」

我們知道，對於別人不准做這、不准做那的要求他從來都是滿不在乎的樣子，但是，我們並不能認為他的這種不知害羞表現出的是一種勇氣。眾所周知，大部分孩子都能意識到教師、學校管理者和他們之間的距離。這個孩子連父親的鞭打都不怕，自然更不會害怕校長，為了表現自己非常重要，他會魯莽、放肆地說話，並常常將其作為一種達到自己目的的手段。

「對於自己的男性角色，他並沒有明確的認知，但是，他經常說自己不喜歡成為女孩。」

但這並不能表示他對自己性別的明確態度，像他這種擁有不良性格的孩子通常會有輕視女孩的傾向，並從這種輕視中體會一種男性的優越感。

「他沒有真正的朋友。」

這其實不難理解，因為其他孩子未必總是願意受別人的領導。

「至今他的父母還沒有就性方面的問題向他做出解釋。他總是表現出一種強烈的控制欲。」

對於我們好不容易收集到的、有關他自己的事實，他再清楚不過了。換句話說，他清楚自己想要的是什麼。然而，毋庸置疑，他對自己這種無意識的目標和其行為之間的關聯卻一無所知。他也不清楚自己強烈統治欲的範圍和根源。由於他目睹了父親對家庭的統治，因此他也希望統治別人。他越是想統治別人，就變得越軟弱，因為他要依賴別人。而他所效仿的對象——他的父親卻是在自我克制中實施統治的。可以這樣說，孩子的懦弱膽怯滋養著他的勃勃雄心。

「他總是招惹事端，就連面對那些強於他的人時也不例外。」

然而，越是強者，就越好應付，因為他們對自己的責任非常重視。但這個孩子魯莽冒失時，卻只顧及自己。順便指出，這種魯莽冒失的行為很難被根除，因為他對自己缺乏自信，認為自己什麼都學不會，所以，他只好利用魯莽的舉動來掩飾這一點。

「他並不自私，而是很慷慨大方。」

如果認為這是一種善意的舉動，我們就會發現這並不符合他性格的其他方面。我們知道，有人會假借慷慨大方的表現來展示自己的優越感。重要的是要弄清楚這種性格特徵是怎樣與對權力的渴望結合起來的。在這個孩子看來，慷慨是一種個人價值的提升。他這種炫耀自我的方式可能是從他爸爸那裏學來的。

「他仍不停地製造麻煩。他最怕的人是父親，其次是他的母親。他隨時準備起床，也並不是很愛慕虛榮。」

最後一句話說的只不過是關於外在的虛榮，因為他有著非常強烈的內在虛榮心。

「他改掉了挖鼻孔的壞習慣。他特別固執，吃飯時很挑剔，不喜歡吃蔬菜和脂肪類的食品。他有時候也喜歡交朋友，但他交的朋友都要能夠受他支配才行。他也很喜歡動物和花草。」

喜歡動物蘊含著一種對優越感和統治權的追求。這種愛好當然不能說是一件壞事，它能使人與地球上的萬物和諧相處。然而，對於本案例的孩子來說，這種喜好表現的是一種統治欲望，即他總是設法讓母親為他操心。

「他的領導欲表現得也很強烈，當然這並不是一種智力上的領導欲。他雖然愛好搜集各種物品，卻沒有足夠的耐心，每項收藏都是淺嘗輒止。」

這種人的悲劇在於，他們做任何事情總是有頭無尾，有始無終。因為如果做出結果，就意味著承擔責任，而他最怕的就是承擔責任。

「過了十歲之後，孩子的行為從整體上看有了一些改善。因為原來總希望到街頭逞強稱能，所以他不願乖乖地待在家裏。經過不斷的努力，他的行為才有了一些改進。」

事實上，滿足其強烈自我肯定欲望的最好方法，就是把他限制在家庭這個狹小的天地裏。因為毫無疑問，他會在家庭這個狹小的空間內不斷製造各種麻煩。如果可以對他進行恰當的監護，應該讓他去街頭玩耍。

「他回到家裏的第一件事情就是做作業，並沒有表現出想離開家的願望，然而，他總會設法來浪費時間。」

當孩子被限定在一個狹小的空間裏，並在監督下進行學習的時候，我們就會發現孩子的注意力總是不能集中起來，他總是在試圖浪費時間。因此，必須要讓孩子有充足的活動空間，讓他和別的孩子在一起玩耍，並在小朋友中發揮一定的作用。

「他原來曾經很喜歡上學。」

這說明學校的教師對他並不是很嚴厲，所以他也能夠扮演英雄角色。

「他原來總是把書弄丟。他並不懼怕考試，他認為自己可以做好每一件事。」

這種性格特徵是非常普遍的。事實上，如果一個人無論在什麼情況下都保持樂觀的態度，這恰恰表明了他的沒自信。當然可以說這種人是悲觀主義者，但是，他們總會想盡一切辦法違背生活邏輯，沉浸在自己無所不能的幻想之中，即使他們沒有取得成功，他們也會表現出驚奇。他們被一種宿命論所控制，總是表現出一種樂觀主義精神。

「他不能集中精神。有的教師喜歡他，而有的教師則討厭他。」

喜歡他的是那些性情溫和、欣賞他這種風格的教師。他這時候很少製造麻煩，因為老師沒有對他提出過高要求，他因此能夠很容易就得到關注。和大部分被寵壞的孩子一樣，他既不願集中精神，也沒有養成這個習慣。

六歲之前，他覺得這是毫無必要的，因為媽媽會照顧好他的一切。所有的事情都被事先安排好了，他就像被關在籠子裏的寵物一樣。一旦遇到困難，他就會感到準備不足。他一直沒有學會如何去面對困難和解決問題，他對任何人都提不起興趣，所以更無法與他人合作。獨立完成某項任務所必需的願望與自信正是他所欠缺的。他只有一種引人注意的欲望，一種輕而易舉就能出人頭地的欲望。但是，他沒能對學校造成困擾，自然也沒能成為別人關注的焦點，這就使得他的不良行為變本加厲。

「他對所有的事情都心不在焉，他會以最輕鬆的方式和最少的付出去做每一件事情，絲毫不考慮他人的感受。這在他生活中已經成為主旋律，在他的一切行為中——例如偷竊和說謊，這種主旋律表現得非常明顯。」

在他的生活風格中存在著許多非常明顯的錯誤。在他媽媽的刺激下，他的社會情感肯定只得到了部分的發展，對於他社會化情感的進一步發展，他溫和的媽媽和他嚴厲的爸爸都沒能為他指出明確的方向。這種社會情感始終沒能走出他媽媽的世界，在這裏，他認為自己備受關注。

所以，他對優越感的追求所指向的並不是對社會有用的方面，而是自己的虛榮心。為了讓他朝著對社會有用的方向發展，我們必須對他的性格發展加以塑造，讓他重新建立起信心，這樣，他才容易接受我們的意見。除此之外，我們還要擴展他的社會關係範圍，由此來彌補他媽媽的忽視，同時還要他和媽媽達成和解。我們要逐步推進對他的教育，直到他對自己過去生活風格中的錯誤能夠像我們一樣有一個深刻的認知。如果他不再把自己的注意力集中在一個人身上，他的獨立性和勇氣就會因此而增強，他也就會把自己對優越感的追求轉向對社會有用的方面。

案例二

這個案例關於一個十歲小男孩。

「學校向家長抱怨說這孩子的學習成績非常糟糕，已落後同年齡學生三個學期。」

一個十歲的孩子落後同年齡人三個學期，我們甚至要懷疑他的智力是否存在問題。

「他現在讀的是三年級，ＩＱ是一〇一。」

很明顯他的智力程度沒有問題。那麼他學習落後的原因究竟是什麼呢？他為什麼要擾亂課堂秩序？我們發現，他對優越感非常渴求，他也有一定的行動興趣，然而他的追求和興趣所指向的都是對社會生活無用的方面。他希望自己富有創造性，對事情能積極主動，也想受到別人的關注，這並沒什麼大不了的，但他卻採取了錯誤的追求方式。我們也能看到，他對抗學校，和學校戰鬥。他非常好鬥，他是學校的敵人。所以，我們就不難理解他成績很差的原因了，因為以他這種好鬥的性格來說，學校的常規生活是他所無法忍受的。

「他不願服從命令，也不想遵守紀律。」

這是顯而易見的。他行為之中自有他明智之處。換句話說，他有一套自己的方法來實施這種不明智的行為。對一個好鬥者來說，肯定不會接受別人的命令。

「他和別的孩子打架；他把自己的玩具帶到學校去。」

他是希望製造一個屬於自己的學校。

「他算術不好。」

這說明他在社會意識及與之相配的社會邏輯方面存在欠缺（參見第七章）。

「他在語言上有缺陷，每週參加一次語言訓練班。」

這種語言缺陷與生理器官無關。這是一種缺乏社會合作精神的表現，這一點可以從他的語言障礙中看出來。語言所表現的是一種合作的態度，一個個體必須與別人發生關聯的合作態度。在這個男孩那裏，這種語言缺陷卻成為了他好勇鬥狠的一種武器。他並不希望自己的語言缺陷得到治療，對此我們不必大驚小怪，因為治療語言缺陷就等於讓他放棄這個引人關注的武器。

「當老師要他講話時，他的身體就搖擺不定。」

他似乎做好了隨時戰鬥的準備。他很反感教師說話，因為這樣的話他就不可能成為人們關注的焦點了，如果教師對他說話，而他又不得不去聽的話，教師就成了征服者。

「他的母親（確切地說是繼母。在他嬰兒時期，他的生母就去世了）抱怨說，這個孩子有點神經質。」

在這個意味深長的神經質下，孩子許多不良行為被掩蓋起來了。

「是他的兩個祖母把他帶大的。」

一個祖母帶孩子就已經很糟糕了，更何況兩個——我們知道，祖母對孩子的溺愛通常都是非常可怕的。至於她們為什麼這樣做，值得我們深思。這是現代文化的缺陷，即上了年紀的女人在社會中沒有自己的位置。她們反抗社會，希望能被合理對待，在這一點上她們無疑是正確的。她們想證明自己存在的價值，因此她們透過溺愛孩子並得到孩子依戀的方式來證明自己的重要性。她們透過這種做法來得到個體被認可的權利。

我們不難想像，在這兩個祖母之間，會產生一種激烈的競爭。每個人都想讓孩子更喜歡自己。當然，孩子會成為這種競爭最大的受益者，他會發現自己彷彿置身於天堂之中，似乎可以隨心所欲，為所欲為。孩子什麼都不用做，只要說「這是一個祖母給我的」，那麼，另一個祖母為了打敗競爭對手，就會給孩子更多的東西。在家裏，孩子自然是備受關注的，我們可以發現孩子是怎樣把這種關注變成他的目標的。而如今他來到了學校，在這種新的環境中兩個祖母不見了，只有一個老師和其他許多孩子。他只能透過好鬥和反抗來獲得人們的關注。

「他和祖母在一起生活的時候，沒有得到過好成績。」

對他來說，學校並不適合。他對學校生活也缺乏準備。進入學校可以測試他的合作能力，但過去也沒有對他進行過這方面的訓練。對孩子來說，最能培養這種合作精神的人是媽媽。

「一年半前，他爸爸再婚了，於是這孩子就跟他爸爸和繼母生活在一起。」

毋庸置疑，這種情境是存在問題的。如果有繼母或繼父進入了孩子的生活，就會產生問題了，也可以說問題就更多了。對孩子的成長和教育來說，繼父母問題由來已久，直至今日也未能得到改進。這一問題對孩子造成很大的困擾，就算繼父母對他們非常好，他們也同樣會遇到各種問題。這並不意味著繼父母的問題沒有解決的辦法，而是說，對待這個問題需要用某種特殊的方式。繼父母不要把孩子的感激看作自己應得的權利，而是應該盡力去贏得這種感激。在這兩位祖母的參與下，這個問題情境變得更加複雜了，繼母和孩子的問題也更加嚴重了。

「繼母最初來到這個家庭的時候，也曾試圖與這個孩子和諧相處。為了討這個孩子的歡心，她做她能做的一切。這個孩子的哥哥同樣也是一個總是製造麻煩的人。」

家裏還有另一個好鬥者。我們不難想像，這兩個孩子之間的競爭只會讓他們的爭鬥欲望變得更加強烈。

「這孩子對父親害怕、順從，但對母親卻不會。母親因此經常會求助於父親。」

這其實就是承認，媽媽無法教育這個孩子。所以，教育的責任便轉移到了爸爸的身上。當媽媽不停地把孩子做什麼、沒做什麼都告訴孩子爸爸的時候，當她以「我會告訴你爸爸」的說法威脅孩子的時候，孩子就會意識到，她沒有能力管理和教育他們，她會放棄這個任務。這樣一來，孩子便尋找機會對她傲慢無禮。這個媽媽的這些舉動，也表現出她的一種自卑情結。

「孩子如果聽話的話，媽媽就帶他去商店，買東西給他。」

這位媽媽的處境也很艱難，其原因在於她的生活中總有祖母的陰影，因為孩子總認為更重要的是祖母。

「祖母並不經常來看他。」

一個偶爾才來造訪數小時的人，很容易讓孩子的教育陷入混亂，並留下許多麻煩給孩子的媽媽。

「家裏的所有人似乎都不再喜歡這個孩子了。」

似乎沒有人再喜歡這個孩子了。甚至曾經對他寵愛有加的祖母，現在也不喜歡他了。

「爸爸會用鞭子打這個孩子。」

鞭打其實並沒有效。孩子喜歡受到讚揚，如果有人讚揚了他，他會感到高興和滿足。然而，他不知道怎樣才能正確地獲得讚揚。他渴望不費吹灰之力就獲得老師的讚揚。

「如果別人讚揚了他，他就會努力把事情做得更好。」

其實，每一個想成為關注焦點的孩子都是如此。

「老師不喜歡他，因為他總是愁眉苦臉。」

這是他所可以運用的最佳方法。因為這個孩子非常好鬥。

「這個孩子還尿床。」

這也是孩子想成為關注焦點的表現。然而，他是透過間接的方式試圖獲得這種關注的。為了爭取媽媽的關注，他會採用什麼間接的方式呢？透過尿床讓媽媽深夜起來，透過半夜啼哭，透過在床上玩耍而不睡覺，透過早上不起床，透過有害的飲食習慣。總之，無論白天還是晚上，他總能找到讓媽媽為他操心的方法。他所使用的武器中就包括尿床和語言缺陷這兩種。

「媽媽夜間要喚醒他好幾次，才能讓他改掉尿床的壞習慣。」

媽媽夜間還要數次起來叫醒他，關注他。這樣，他才感覺自己受到了關注。

「他並不受其他孩子的歡迎，因為他總有一種支配他人的欲望。那些弱小的孩子卻試圖模仿他。」

這是一個脆弱、缺乏自信的孩子，從不想讓自己在生活中勇敢一點。他之所以會被那些弱小的孩子模仿，是因為這些孩子實際上也是透過這種方法來獲得關注。

「另一方面，不是所有的人都不喜歡他，當他的作業被評為全班最佳時，有些孩子也願意相信他有進步。」

當他有進步時，別的孩子也會為他感到高興。這說明教師的教育方法得當，懂得怎樣培養孩子們的合作精神。

「這個孩子喜歡在街頭和其他孩子一起踢球。」

當他認為自己可以成功和征服別人時，他會樂意與人交往。

我們和他的媽媽一起來討論這個孩子的問題。我們告訴她，她與孩子和祖母的處境都非常艱難。孩子對他的哥哥有很強的嫉妒心理，總害怕不如他。在我們的交流過程中，這孩子一直都沉默不語，雖然我們向他表明我們診所的每一個人都願意成為他的朋友。在這孩子看來，說話就意味著合作。他要的是戰鬥，而不是合作。這是由於他的社會化情感不足，這同樣也是他為什麼會拒絕矯治自己語言缺陷的原因。

人們或許會對此感到驚異。實際上，甚至在某些成人身上，我們也經常能夠看到這種情形：用沉默不語來表示對抗。

曾有一對發生激烈爭吵的夫妻，丈夫向他妻子大嚷大叫：「看看你，看看你，現在怎麼沒話說了？」妻子回答道：「我不是無話可說，只是不想說罷了。」

這個案例中的男孩情況也是如此——「只是不想說話」。當進行完我們的談話，告訴孩子可以離開的時候，他卻似乎還想留下。他的敵意似乎開始爆發了。當我們再次對他說討論已經結束時，他仍不想離去。我們要他下個星期和他爸爸一起過來。

同時，我們對他說：「你一句話都不說，這種做法非常好，因為別人要求你做什麼，你偏偏會做出相反的事情來。如果別人叫你說話，你就一言不發。如果叫你在課堂上保持安靜，你就偏要大聲喧嘩，以此擾亂課堂秩序。你覺得只有這樣做才稱得上一個英雄。如果我們不讓你說話，那麼你就會口若懸河。我們只要向你提出相反的要求，你就會乖乖地就範。」

很顯然，這個孩子說話的欲望被激發出來了，因為他感到有必要回答這些問題。於是，他開始配合。之後，我們才對他說明他的情況，並使他意識到並相信自己身上存在的錯誤。他自此開始慢慢地進步。

這時，我們不要忘記，如果孩子一直處於這種舊的環境中，他是不會有改變的動力的。他的爸爸、媽媽、祖母、老師及同伴對他已經有了一種固定的態度。他對他們的態度也已經固化了。然而，當他來到診所，這完全是一個全新的情境。我們也盡可能為他營造一個新的環境——事實上是一個全新的環境。這樣他在舊環境中形成的性格特徵就會更佳地曝露出來。在這種情況下，一個明智的方法就是對這個男孩說「你不要說話」，這個男孩就會說「我就要說」。按照這種方法，男孩不會覺得有人和他直接說話，所以也不會對自己不想說話的心理有所警惕和抑制。

在診所，孩子通常要面對許多聽眾，這會讓他們留下很深刻的印象。這個環境對他們來說是全新的，他們會產生這樣的印象，他們不僅不再受到以前狹小空間的限制，其他人還對他們充滿了興趣，他們會覺得自己成為這個大環境中的一部分。他們甚至還希望表現自己，尤其是要他們下次再來的時候。他們明白將要發生的事情——人們將詢問他們一些問題，詢問他們的情況如何等等。有些人一個星期來一回，有些人天天都會來，這要根據實際情況來決定。在這裏，人們訓練他們對老師的行為。他們清楚，這裏不會有人對他們進行批評、責罵和指責，一切事情都會拿出來進行公開的討論和評價。一對夫婦正在爭吵，如果這裏有人打開窗戶，他們就會停止。因為窗戶被打開之後，別人就有可能聽到他們的爭吵，而人們通常都不想讓別人認為自己的性格存在問題。這就邁出了前進的第一步。同樣的道理，當孩子肯來到我們的診所接受諮詢時，他們就邁出了前進的重要一步。

案例三

本案例涉及的是一個十三歲半的孩子，他是家中的長子。

「孩子十一歲的時候，IQ為一四〇。」

可以說，這個孩子很聰明。

「自從進入高中第二學期以來，他幾乎就在原地踏步。」

從我們的經驗來看，如果一個孩子覺得自己很聰明，他很可能就會產生一種不勞而獲的心理，其結果將會是「聰明反被聰明誤」，這樣的孩子通常都不會有進步。例如，透過我們的觀察發現，這些處於青春期的孩子都會認為自己要比實際年齡更成熟。他們想證明自己已經不是孩子了。他們的這種欲望越是強烈，他們所遇到的問題就會越多。這樣一來，他們便開始對自己產生懷疑，認為自己並不像他們所想像的那樣聰明。對此我們的建議是，不要對孩子說他很聰明，或告訴他有很高的智商。絕不能讓孩子知道他們自己智商是高是低，就算是家長也不能知道。因為一個聰明的孩子後來屢遭失敗的原因就在於此。讓他們知道自己的智商是一件非常危險的事情。一個充滿雄心壯志卻有可能透過不正確的方法來獲得成功的孩子，會走上一條錯誤的成功之道。這些不正確的方法包括患精神病、自殺、犯罪、懶惰或無所事事。孩子會尋找各種各樣的理由，來為自己錯誤的成功之道進行辯解。

「這個孩子非常喜歡科學。只喜歡和比自己更年幼的孩子交往。」

我們知道，孩子更願意與比自己更小的孩子交往，其目的是想讓一切對他來說變得更容易掌控一些，也是為了表現自己的優越感，希望自己成為年幼者的領袖。如果他更願意和年齡比他小的孩子交往，那麼我們就有理由懷疑他要達到這樣的目的。當然，事情並不總是這樣，有些情況下，孩子是為了顯示自己的父性才和更年幼的孩子交往的。然而，這其中也存在問題。因為孩子為了顯示自己的父性，很可能會不願意與比他年齡大的孩子交往，他會有意識地這麼做。

「他喜歡的運動項目是足球和壘球。」

我們假設他很擅長這兩項體育項目。我們可能會聽說，他在某些方面很擅長，而對另一些方面則沒有一點興趣。也就是說，如果他覺得自己沒有成功的把握，他是不會有積極、主動的表現的。一旦他在某個方面沒有獲得成功的把握，他就會拒絕參與其中。這種行為方式當然是不正確的。

「他喜歡打牌。」

這表示他在想辦法消磨時間。

「由於打牌，他不可能按時睡覺、按時完成作業。」

現在我們看到了為什麼父母會對孩子產生抱怨，這些抱怨大同小異：他在學業上不能取得進步，他只會浪費時間。

「當他在嬰兒的時候發育得很緩慢，直到兩歲以後才開始迅速發展。」

對於兩歲前他發育緩慢的原因我們不得而知。或許是由於家人對他的過分溺愛造成了他發展緩慢。我們能夠看到，受到過分寵愛的孩子不必說話、不必走路或發揮身體機能，因為他們的一切都有人幫他們安排得妥妥當當的，所以發育的刺激也就沒有了。他之後獲得了迅速發育的原因，只能是這期間他受到了刺激。正是在這種強烈的刺激下，他才能成為一個聰明的孩子。

「誠實和固執是他突出的兩個性格特徵。」

只知道他很誠實是不夠的。誠實當然是一種美德，是一個優點。然而，我們並不清楚他有沒有利用自己的誠實來批評和責備他人。誠實很有可能是他進行自我炫耀的資本。我們知道他有很強的領導欲望並喜歡支配他人，所以，他可以透過表現出誠實的品德來獲得一種優越感。我們並不知道他在十分不利的情況下還能不能保持住誠實的品德。至於他的固執，我們發現，他確實想獨樹一幟，喜歡標新立異，不願意人云亦云。

「他會欺負自己年幼的弟弟。」

我們的判斷與這個陳述是相一致的。他希望成為領袖，而弟弟不順從他，他就欺負弟弟。這表現出他其實並不十分誠實。而且，如果你對他真正瞭解，你還會發現，他甚至就是個騙子。他是一個愛自吹自擂的人，並流露出一種優越感。

然而實際上，他所流露出來的是一種優越情結。從這種優越情結中可以清晰地看到，他實際上在內心深處備受自卑感的困擾。由於別人對他的評價太高了，當遇到不能解決的困難時，他便會因失敗而低估自己。而正因為他對自己的低估，導致他不得不透過某種方式進行補償，這種方式就是自吹自擂。所以，對孩子進行過高的讚揚不是一種明智的做法，因為他會覺得別人對他有過高的期望。如果他發現要達到別人的期望非常困難的話，他就會開始感到害怕和擔心，於是他就會尋求掩飾自己弱點的辦法，例如欺負他的弟弟等等。這就是他的生活風格。在他所遇到的問題面前，他覺得自己不夠強大、也不夠自信，更無法解決這些問題。

所以，他便沉溺於打牌。當他打牌的時候，他的自卑就不會展現在人們面前，即使他的學習成績很糟糕。父母會說，他不能有好成績的原因就是他總打牌，這樣他的驕傲之心和虛榮心就得到了挽救。

慢慢地，他也受到這個觀點的影響：「沒錯，由於我總是打牌，所以我的成績才不好；如果改掉打牌的壞習慣，我的學習成績就會變好。然而，我的確喜歡打牌。」這樣一來，他得到了滿足，他告訴自己，他可以變成最好的學生。只要這孩子對他自己的這種心理邏輯一無所知，他就會繼續沉溺於自我安慰之中，隱藏自己的自卑感，既不讓別人看到，也不讓自己看到。只要他的這種做法繼續維持下去，他就不會發生改變，也不會取得絲毫進步。

所以，我們必須透過一種友善的方式讓他理解自己性格的根源，並且告訴他，他的實際行為給人的印象，就像一個認為自己無法勝任自己任務的人，他之所以會覺得自己很強大，只是透過這樣做來隱藏自己的弱點和自卑感。我們應該以一種友善的方式和不停的鼓勵來實施這一切。我們不能總是誇獎他，讚揚他的智商高——這種不斷的讚揚可能會使他的心理感到害怕和畏懼，他會覺得自己不能永遠取得成功。

我們非常清楚，在孩子以後的生活中，智商的作用並沒有那麼重要。所有實驗心理學家都認為，智商所揭示的僅僅是測試當時的情況而已。生活是錯綜複雜的，透過測試並不能將其認知清楚。高智商並不意味著孩子在真實生活中能解決自己遇到的所有問題。

孩子存在的真正問題就是他社會化情感的缺乏，是他的自卑感。而這必須向他解釋清楚。

案例四

這個案例中的孩子只有八歲半，透過這個案例我們可以清楚地看到，孩子是怎樣被寵壞的。有許多罪犯和精神病患者都來源於這一類型的兒童。在我們這個時代急需解決的一個重要問題就是：不要再溺愛孩子。這並不意味著我們不愛他們，而是不要溺愛和縱容他們。我們在對待他們時應該以一種平等的心態，試圖把他們當作自己的朋友。這是一個很有價值的案例，因為從中我們可以看到被寵壞孩子的性格特徵。

「孩子目前面臨的最大問題是：每一年級都要重讀，而他現在才二年級。」

一個一年級的孩子居然還要重讀，我們完全有理由懷疑他的智力程度。在對這個案例進行分析時，我們不要忘記這個可能性。另一方面，如果孩子最初的成績很好，問題是後來才出現的，我們就能夠排除他弱智的可能性。

「他以嬰兒的方式來說話。」

他渴望得到寵愛，所以就模仿嬰兒的舉動。然而，這也表明他有一個目的，因為他認為從模仿嬰兒的舉動中可以得到好處。他這種理性的判斷實際上恰恰說明了他的智力沒有問題。他很討厭學校生活，對此也缺乏準備。他並不是按照學校的規定和制度來發展的，為了表明自己的追求，他選擇了與環境進行對抗。正是這種敵視態度導致他每個年級都要重讀。

「他並不服從自己的哥哥，有時還會和哥哥發生激烈的爭鬥。」

所以，我們從中能夠看到，對他來說，哥哥就是一個很大的障礙。從這一點來看，他哥哥應該是個好孩子。他和哥哥競爭的唯一手段就是儘量表現出壞的一面。當然，他會在夢中想像，如果他能回到嬰兒時代，他就可以超過哥哥。

「他二十二個月的時候才學會走路。」

他也許患過佝僂病。如果他到二十二個月才學會走路，這可能是因為他總是受到保護。在這二十二個月的時間裏，他的媽媽和他總是寸步不離。他越是不會走路，媽媽就越是對他看護有加，更會溺愛、縱容他。

「他很早就學會了說話。」

到這裏，我們可以肯定的是，他不是一個智障患者。因為說話困難通常是智障兒童的一種表現。

「他總像嬰兒那樣說話。他爸爸非常溫柔親切。」

他爸爸對他也很寵愛。

但他更喜歡媽媽。他們家有兩個孩子。他母親告訴我們，大兒子非常聰明。這兩個孩子經常發生爭鬥。

兩個孩子之間總是存在競爭，這對大多數家庭來說都是如此，尤其是家庭的頭兩個孩子之間更容易發生這種情況。然而，任何生活在一起的兩個孩子之間都會存在競爭。其原因在於這樣一個事實，即當另一個孩子出生時，首先出生的孩子會感到自己原有的地位受到了威脅，就像我們指出的那樣（參見第八章），如果孩子們具有很好的合作精神和能力，這種惡性的競爭自然也就不會產生了。

「他的算術很差。」

對受到溺愛的孩子來說，這是他們在學校中的最大困難，因為算術所涉及的是社會邏輯，而在那些被溺愛的孩子身上恰恰缺乏這種社會邏輯。

「他的大腦一定出了問題。」

然而透過我們的觀察卻沒有發現這個問題。從他的角度出發，他的行為非常合理和正常。

「他的媽媽和老師覺得他手淫。」

他可能會手淫。然而，大部分孩子都會手淫。

「他母親說，他的眼睛有黑眼圈。」

然而這並不能證明他進行了手淫，儘管這是人們的普遍看法。

「他吃東西特別講究。」

這表明他很渴望別人關注他，即使在吃飯的時候也是這樣。

「他懼怕黑暗。」

這也是被溺愛孩子的一種常見表現。

「他媽媽說他的朋友很多。」

在我們看來，和他成為朋友的人都是那些能夠受他支配的人。

「他很喜歡音樂。」

對音樂人的外耳進行一番考察會對我們有所啟發。人們可以看到，音樂人的外耳曲線發育得更好。我們對這個孩子進行觀察之後發現，他的外耳很精緻、敏感，這種敏感性表現為喜愛和諧的聲音。具有這種敏感性的人更適合接受音樂教育。

「他喜歡唱歌，卻患有耳疾。」

這種人對我們生活中的噪音一般都很難忍受。有些這樣的人更容易罹患耳疾。聽覺器官的構造是透過遺傳而來的，這就是音樂天賦和耳疾會在代際之間傳承的原因。這個孩子受到耳疾的困擾，在他的家族中的確有幾個人對音樂很精通。

要想矯治這個孩子，就要設法使他變得更加獨立自主。目前，他還不能自立。他認為永遠都要依賴媽媽，永遠都不離開她。他總是渴望得到媽媽的支持和關心，他媽媽自然也樂於這麼做。然而現在，我們要讓他完全擁有自由，讓他做他想做的任何事情，甚至犯點錯。因為如果不這樣的話，他是不會學會自立的。他還要學會不和哥哥爭奪媽媽的愛。這樣一來，兄弟兩個都會感覺受到了偏愛，他們的嫉妒心理自然也就消除了。

還有一點是非常必要的，那就是要讓孩子鼓起勇氣去面對學校生活中的問題。試想一下，如果他不繼續上學，情況會怎麼樣呢？他如果離開學校，就會偏離生活中有用的一面。他可能先會翹課，接著乾脆不去上學，之後離家出走，還有可能加入幫派。防患於未然總是最好的，現在透過訓練讓他適應學校生活總好於以後對付一個少年犯。學校對孩子來說只是一種重要的測試環境而已。孩子沒有接受過這方面的訓練，也沒有解決問題的足夠社會化情感，這就是他在學校遇到困難的真正原因。然而，學校應該讓他重新鼓起勇氣，重新讓他找到自信。無疑，學校本身也存在問題，班級人數可能太多，在如何激發學生內心的勇氣方面，教師也可能缺乏準備。這就是事情的悲劇。但是，如果這個孩子有幸能夠遇到一個好老師，能夠在老師的鼓勵下重新振作起來，那麼他就得救了。

案例五

這是一個關於十歲女孩的案例。她因為在算術和拼寫方面有困難，被送到我們診所來接受指導和治療。

對於那些被溺愛的孩子來說，學習算術都會很困難。這並不意味著被溺愛的孩子就一定學不好算術。然而，根據我們的經驗，通常的情況會是這樣。我們知道，左撇子在拼寫方面一般都會存在困難，因為他們養成了從右向左的習慣，他們一般都會從右向左來閱讀。他們可以進行正確地閱讀和書寫，只是方向相反罷了。人們對這一點通常並不在意。人們只知道他們無法閱讀，也只會簡單地說他們無法正確地閱讀和拼寫。所以，在我們看來，這個女孩或許是個左撇子。可能還有其他原因造成了她拼寫的困難。如果是在紐約，我們還要考慮她可能是其他國家的移民，所以對英語還不是很熟悉。如果是在歐洲，這個可能性就會很小。

「她有著意義重大的經歷：她家庭的大部分財產都喪失在德國。」

對於她什麼時候從德國移民的我們不得而知。或許這個女孩曾經有過一段快樂的時光，而現在這一切都一去不復返了。新環境對她來說就像一種測試，從中可以看出她有沒有受過與人合作的訓練，有沒有社會化情感，有沒有勇氣，同時也可以看出她能不能接受貧窮的現實，或者說，從她對新環境的反應中可以看出她有沒有學會在生活中與他人合作。就目前的情況來說，她缺乏與人合作的意識和能力。

「她在德國時還是個不錯的學生，她八歲的時候便離開了德國。」

這是兩年前的事情。

「她在美國學校裏表現得並不好，因為她在拼寫上存在困難，而且這裏教授算術的方式也不同於德國。」

教師並不總能照顧到學生的這些問題。

「她受到母親的溺愛，她也很依戀母親。她同樣也喜歡父親。」

假如你向孩子提問：「你最喜歡的是誰，父親還是母親？」他們通常都會回答說：「我都很喜歡！」他們這樣回答是被教育的結果。如果想測試出這種回答是否可靠可以有許多方法。其中一個較好的方法就是讓孩子坐在父母中間，我們和父母交談，這時孩子就會不自覺地轉向她最喜歡的人。同樣地，當孩子走進父母的房間時，她會朝著自己喜歡的人走去。

「她有一些同齡的女朋友，但數量有限。她最早的記憶是，在她八歲的時候，和父母一起在德國的鄉下居住，那時她常常在草地上和小狗一起玩耍。那時她家還有一輛馬車。」

她對曾經的富裕生活、草地、小狗和馬車仍然記憶猶新。就如同一個落魄的富人，總是會回想起她曾經擁有的一切——汽車、馬匹、高大的房子和傭人等等。我們不難看出，她很不滿意目前的狀況。

「她經常會做有關耶誕節的夢，夢到聖誕老人送給她禮物。」

她在夢中所流露出的願望與現實中是相同的。她總是渴望得到很多東西，因為她覺得自己已經被剝奪了很多，她想再次擁有她曾經擁有的一切。

「她常常會依偎在母親身邊。」

這種舉動是一種失去勇氣和在學校遭受挫折的表現，我們告訴她說，儘管與其他孩子相比，她遇到了更多的困難，但是，經過勤奮的努力和不懈的追求，她仍然可以在學習上取得很大的進步。

「她再來診所時，媽媽並沒有陪著她，她是獨自一人來的。她的學習取得了一些進步，在家裏，她也是自己處理自己的事情。」

我們曾經告訴她要獨立，不要總是依賴她母親，要學會自己處理自己的事情。

「她為她父親做早飯。」

這是合作感的一種表現。

「她覺得自己比以前更有勇氣了。她也能和我們更自在、更從容地談話了。」

我們要她回去叫她母親一起過來。

她母親陪她一起來了，這是她第一次造訪我們的診所。母親的工作一直都很忙，抽不出時間。她告訴我們，這女孩並不是她親生的，而是在孩子兩歲時收養的，而女孩對此毫不知情。在孩子出生的頭兩年時間內，她先後一共被轉送了六戶人家。

孩子沒有美好的過去。她似乎在生命最初的兩年內遭受了太多的苦難。所以，我們所面對的女孩，曾經遭人唾棄、被人忽視而後來又得到悉心照料。她很害怕失去當前這種良好的境況，這是源於她對早年痛苦生活的無意識印象。或許那兩年對她來說太刻骨銘心了。

「當這位母親領養這個女孩的時候，有人建議她要嚴加管教這個女孩，因為她的家庭出身很糟糕。」

建議她這麼做的人中了遺傳學說太深的毒了。如果她嚴厲管教了孩子，但仍然出現了問題，這人就會辯解說：「你看，我沒說錯吧！」其實他們並不知道孩子變成問題兒童，他們也難辭其咎。

「孩子親生母親不是一個好女人，這讓養母覺得自己肩負著更加重大的責任，因為她並不是自己的親生孩子。養母有時還對孩子實施體罰。」

對女孩來說，現在的情況似乎沒有比以前更好。養母有時會突然中止對她的溺愛態度，取而代之的卻是嚴厲的懲罰。

「養父很寵愛這個孩子，會滿足她的所有要求。如果她希望得到什麼，她不是說『求求您了』或『謝謝您』，而是說『你不是我媽媽』。」

孩子或者是知道了事情的真相，或者是碰巧說了這麼一句直擊要害的話。曾有一個二十歲的男孩覺得自己不是他媽媽親生的，而他的養父母發誓說，從來沒有人將真相告訴過這孩子。很明顯，這個青年只是一種感覺而已。孩子能從很小的細節上得出結論。在這個案例中，孩子的養母認為「孩子不可能知道事情的真相」，然而，孩子自己可能已經對這一點有所察覺了。

「然而，這女孩只會把這樣的話說給媽媽聽而不是爸爸。」

因為她找不到攻擊爸爸的機會，因為爸爸滿足了她一切的要求。

「她媽媽無法理解她在新學校所發生的變化。孩子現在的學習成績很差，她便對孩子實施體罰。」

不佳的成績已經讓可憐的孩子感到羞愧和自卑了，回家後還要遭受母親的責罰，這實在是太過分了。成績不佳而導致羞愧和自卑的情緒和母親的責罰，其中的任何一種就已經是過分的了。教師們需要認真對待這一問題，他們應該意識到，他們給出不佳的成績單，或許就拉開了孩子在家裏遭受更多懲罰的序幕。明智的做法是，教師儘量不要給學生這樣的成績單。

「這孩子說她有時候會突然失控，大發脾氣。她在學校的情緒就不是很穩定，她激動亢奮，擾亂課堂秩序。她認為自己要做到永遠第一。」

我們其實不難理解這種欲望。因為她是家裏的獨生女，並習慣了從爸爸那裏得到她所需要的任何東西。她喜歡成為第一的願望我們也很容易理解。我們知道，她原來曾擁有鄉村的草地等等，現在她感覺自己的一切優勢彷彿都被剝奪了。所以，她現在對優越感的追求會更加強烈。然而，她始終未能找到合適的表達方式，便得意忘形，開始接連不斷地製造麻煩。

我們告訴她，她必須要學會與人合作。她所有激動亢奮的舉動都是為了成為關注的中心，她發脾氣的目的也是要讓人們注意她。為了表現對媽媽的反抗，她便不好好用功。

「她夢到聖誕老人送給她許多東西，但當她醒來的時候，卻發現自己什麼都沒有。」

她總想喚起一種曾經擁有一切而「醒來時卻發現一無所有」的情緒。這種情緒中蘊藏的危險不容忽視。如果我們在夢中曾擁有一切，而醒來時卻一無所有，我們無疑會大失所望。然而，夢中的情緒和醒來時的情緒並不是矛盾的。也就是說，在夢中喚起這種情緒的目的，並不在於喚起一種擁有一切的美好感覺，而恰恰在於喚起一種失落感。她做這樣的夢就是為了達到這樣的目的，即體驗一種失落感。

很多患有憂鬱症的人都會有與此類似的美好夢境，醒來時卻發現一切恰恰與夢境相反。對於這女孩為什麼喜歡體驗失落感，我們不難理解。她對自己的前途看不到一點光明，因而想把一切都怪罪到自己的母親頭上。她覺得自己一無所有，而她的母親什麼要求都不滿足她，「她還打我屁股，只有爸爸才會給我我想要的東西。」

下面我們對這個案例進行一下總結。女孩總是追求一種失落感，並把這種情緒都怪罪到自己的媽媽頭上。她這是對媽媽的一種反抗。如果我們想讓這種反抗停下來，就要讓她相信，她在家裏、夢中和學校的所有行為完全是基於相同的錯誤模式。她之所以會養成錯誤的生活風格，主要是因為她來美國時間太短、不能熟練掌握英語。我們要讓她認知到，這些困難其實並沒有什麼，透過努力都是很容易克服的，而她卻把這些困難當做對付媽媽的工具。同時我們也要勸說媽媽不要再責罰孩子，這樣她就找不到任何反抗的理由。我們還要讓孩子知道，「我不能集中精神、無法自制，亂發脾氣的原因，就在於我想製造麻煩給媽媽」。如果她能對這一點有所認知，她的不良行為就會停下來。如果她不能清晰地認知到這一點，不能理解她的所有經驗和印象蘊藏的深刻含義，她的性格是不太可能發生改變的。

如此一來，我們就能清楚什麼是心理學。心理學的目的在於瞭解一個人怎樣運用他自己的印象和經驗。或者說，心理學就是要瞭解人們據以行動和對刺激作出反應的感知圖式，瞭解人們怎樣看待刺激、怎樣對刺激作出反應和怎樣運用它們來實現自己的目標。

成功講座 356

阿德勒
教育心理學

海鴿 文化出版圖書有限公司
Seadove Publishing Company Ltd.

作者　〔奧〕阿爾弗雷德・阿德勒
譯者　劉麗
美術構成　騾賴耙工作室
封面設計　斐類設計工作室
發行人　羅清維
企畫執行　林義傑、張緯倫
責任行政　陳淑貞

出版　海鴿文化出版圖書有限公司
出版登記　行政院新聞局局版北市業字第780號
發行部　台北市信義區林口街54-4號1樓
電話　02-27273008
傳真　02-27270603
e - mail　seadove.book@msa.hinet.net

總經銷　創智文化有限公司
住址　新北市土城區忠承路89號6樓
電話　02-22683489
傳真　02-22696560
網址　www.booknews.com.tw

香港總經銷　和平圖書有限公司
住址　香港柴灣嘉業街12號百樂門大廈17樓
電話　（852）2804-6687
傳真　（852）2804-6409

出版日期　2020年03月01日　二版一刷

定價　320元
郵政劃撥　18989626　戶名：海鴿文化出版圖書有限公司

國家圖書館出版品預行編目資料

阿德勒的兒童教育心理學／阿爾弗雷德・阿德勒作；劉麗編譯.
--一版，--臺北市 ： 海鴿文化，2020.03
面 ； 公分. －－ （成功講座；356）
ISBN 978-986-392-305-3（平裝）

1. 教育心理學

521　109001749

Seadove

Seadove

Seadove

Seadove